불교의 대의大意

저자 스즈키 다이세츠(鈴木大拙)
번역 김용환 · 김현희

정우서적

스즈키 다이세츠의 『불교의 대의』는
2016년 12월부로 저작권이 소실되었음을
원저의 출판사 (주)法藏館에 확인받아 번역 출판한 것입니다.

| 저자서문 |

 이 책은 소화(昭和) 21년(1946년) 4월 23일과 24일 이틀간에 걸쳐서, 천황(天皇) 황후(皇后) 폐하를 위해서 강연한 것을 기초하여 기고한 것이다. 강연 자체는, 시간 관계상 원래는 이것보다도 적은 양이었다. 후에 원고를 읽고 고치면서, 이것으로는 아무래도 부족하다는 느낌이 들었다. 결국 공간(公刊)하려고 하면, 일반 독자들을 위해 고려하지 않으면 안 되었다. 증보(增補)한 까닭이다.

 강연을 마치고 난 후 얼마 안 돼서, 영국에서 불교잡지 『중도(中道)』 THE MIDDLE WAY를 출판하고 있는 크리스마스 험프리스(Christmas Humphreys)씨가 그 영역(英譯)을 요구했다. 그래서 내가 구역(口譯)한 것을 동씨(同氏)가 필기하여 대충 영역이 가능하게 되었다. 그는 그것을 본국으로 가지고 가서 이미 출판했지만, 아직 일본에는 오지 않았다. 그런데 이 영역(英譯)을 지금 읽어 보면 별로 마음에 들지 않는다. 그래서 이

책을 기초로 하여 완전히 별개의 영역을 시도했다. 완성하였기 때문에 한권은 그의 나라로 보내서 재판(再版)하게 할 계획이다. 일본에서도 별도로 출판한다.

지금 4, 5년의 수명이 남아 있다면, 다시 조금 노력하여서 정리된 불교 원론(原論)과 같은 것을 영문으로 쓰려고 생각하지만, 어떻게 될지 모른다. 부족한 생각이지만 이렇게 써 두면, 뒤를 이을 사람이 나올 것으로도 믿기 때문이다. 불교는 일본에서만 칩식(蟄息)해서는 안 된다. 세계 사상에 크게 공헌하여야 할 것이다.

소화 22년(1947년) 봄
가마쿠라[鎌倉] 풍류암(風流庵)
스즈키 다이세츠(鈴木大拙)

| 역자서문 |

　34년간 대학에서 인도철학과 불교철학을 강의하고 연구해 왔다. 과거의 선인(先人)들도 그러했고, 지금도 그러한 것처럼 지나간 인생은 되돌아보면 간밤의 꿈과 같고 풀에 맺힌 이슬(草露)과 같은 것이다. 그것을 곱씹어 느낄 수 있는 나이가 되어 정년을 맞이하게 되었다. 사는 것도, 대학에서 강의를 하고 연구랍시고 하는 것도 결코 쉬운 일은 아니지만 누구라도 그러하듯 참고 견디면 세월은 가게 되어 있다.

　마지막 학기 대학원 강의는 그래도 교직에서의 지난 세월을 나름으로 마무리하고 정리 할 수 있는 그런 내용의 교재를 가지고 하면 좋겠다는 생각을 하였다. 그래서 선택한 것이 이 책이다. 선승(禪僧)인 스즈키 다이세츠(鈴木 大拙, 1870~1966)가 자신의 수행 체험과 선(禪)의 입장에서 대승불교의 근본사상을 대지(大智)와 대비(大悲)로 요약하여 이틀간 일본 천황(天皇) 내외를 위해 강설(講說)한 내용을 정리하여 출간한 것이다.

이 강설이 행해진 1946년 4월은 일본이 전쟁에서 패전하여 항복한 그 다음해 봄으로, 아직 전쟁의 상흔이 아물지 않고, 정치적·사회적 경제적으로는 매우 어렵고 혼란스러운 시기였을 것이다. 패전으로 미군정(美軍政) 하에 놓이고 전범(戰犯) 재판이 진행되면서 국가의 정체성(正體性)이 절체절명(絶體絶命)의 위기 상황에 직면하였다.

그러한 무렵에 천황이 스즈키 다이세츠를 초빙하여 『불교의 대의(大意)』에 관해 강의를 들은 것은 역사적으로 그 시사하는 바가 매우 크다고 할 것이다. 일본이 명치유신(明治維新)을 통해 외세의 침략을 저지하고 근대화·서구화에 성공하지만 결과적으로 식민지 전쟁을 일으켜 패망하고 만다. 일본 근대의 이러한 역사적 전개와 그로 인한 모든 불행의 근본 원인에는 - '존재의 진실'에 대한 통찰[大智]의 부족과 '개체적 존재[事]' 사이의 자비정신[大悲]의 결여 - 가 있다는 것이 스즈키 다이세츠의 진단으로 생각된다. 그래서 불교사상의 근본 요체(要諦)인 지혜[般若]와 자비(慈悲)를 천황으로 대표되고 있는 일본 국민들에게 그러한 역사적 정황에서 재천명하고 있는 것이다.

그러나 그것을 표현하고 해석하는 방식에 있어서는 불교의 전통적 개념 범주에 안주하지 않고 그 밖의 사상적 전통과의 교류와 소통을 염두에 두고 있다. 이는 그가 동아시아의 선(禪)의 전통과 대승불교의 중요한 원전을 영어로 소개하고 번역하며, 구미(歐美)의 대학에서 강의한 그의 삶의 궤적과 불과분의 관계를 가지고 있는 것으로 보인다.

그는 인간의 심성(心性)을 영성(靈性)과 지성(知性), 감성(感性)으로 나누고 거기에 대해 세계(世界)는 하나 밖에 없지만 인간에게는 나타나는 방식에 의해 '영성적 세계'와 '감성적·지성적' 세계로 나누어진다고 한다. '영성적 세계'는 영성적 직각(直覺, 得悟, 開悟)에 의해 경험적 사실로써 체험되는 절대경(絶對境)으로 주·객(主·客)의 대립과 차별[非]이 없는 평등(平等), 무분별(無分別), 불가사의(不可思議), 동일[即]의 경지로 종교의 영역이다.

거기에 반해 '감성적·지성적' 세계는 인간이 이성(理性), 지성, 감성에 의해 경험하는 분별경(分別境)으로, 주·객의 대립과 차별을 가지며, 분별, 분석에 의해 구성되는 과학과 철학의 영역이다.

존재의 영역에 대한 스즈키 다이세츠의 이러한 구분에서 주목할 점은 불교에서 최고의 가치로 실현하고자 하는 지혜[般若]에 의한 불가사의(不可思議) 경지가 기독교의 '하늘의 계시[天啓]'에 상당하며 이것은 모든 종교 일반이 표현은 다르지만 공통으로 추구하는 바라는 것이다. 그리고 존재에 대한 근원적 인식의 영역에서 종교를 과학이나 철학보다 우위에 두고 있음을 부정할 수 없다.

  그의 이러한 관점은 동서양의 장벽이 무너진 새로운 사상적 환경에서, 불교만을 정법(正法)으로 보고 그 밖의 것을 모두 사법(邪法)으로 보아 이단시(異端視)하거나 배격하려는 독선적이고 편협한 시각을 벗어나 있다.

  사람의 마음(또는 인격) 속에서 존재에 대한 있는 그대로의 통찰인 대지(大智)는 대비(大悲)로 드러난다. 본래 하나인 것이 분별지(分別智)에 의해 둘인 것처럼 나누어진 것이다. 그러므로 지(智)를 떠나 별도로 비(悲)가 있는 것이 아니다. 스즈키 다이세츠는 대비(大悲)의 사상적 원리를 화엄사상(華嚴思想)의 사사무애법계관(事事無礙法界觀)에서 찾고 있다. 이 사상은 이미 오래전

8세기경에 신라(新羅)에서 유학한 심상(審祥)에 의해 일본에 뿌리를 내리고, 나라(奈良) 동대사(東大寺) 건립의 사상적 토대가 된다. 화엄사상은 고대(古代) 동아시아에 있어 국가 불교의 기본 이념으로 선양되었다. 의상(義湘, 625~702)은 당(唐)나라에 유학을 가서 중국 화엄종의 제 2조(祖) 지엄(智儼) 문하에서 배우고 귀국하여 신라 화엄종의 시조(始祖)가 되었다. 그 문인(門人)으로 10명의 뛰어난 제자가 있었는데, 아마도 심상은 그들에게서 화엄을 배웠을 것이다. 성무천황(聖武天皇)과 더불어 동대사 창건의 주역의 한 사람인 로우벤(良弁, 689~773)은 심상으로부터 3년간 화엄경을 배운다. 동대사는 창건 이래 지금까지 일본의 국가 불교(國分寺 체제)를 상징하는 사찰이 되어 왔다.

스즈키 다이세츠가 대비(大悲)의 원리로 화엄의 법계관을 제시하는 것은 그 가르침 속에 개체와 개체, 집단과 집단, 국가와 국가 사이의 다양한 모순과 갈등 대립을 극복하는 원리가 설해져 있고, 그것은 동서고금(東西古今)을 막론하고 최상의 가르침이라고 보기 때문이다.

이 번역은 대학원 박사과정에서 불교 철학을 공부

하고 있는 김현희양이 먼저 번역한 초고에 수정·보완을 하여 완성한 것이다. 그 노고에 감사를 드린다. 번역 내용 가운데 경어로 표현된 것은 저자가 천황에게 직접 강설한 내용이고, 문어체(文語體)로 표현된 것은 책으로 출판하기 위해 저자가 뒤에 보완해 넣은 것으로 생각된다.

2017년 8월 9일
배내골 도솔내원(兜率內院)에서
김 용 환

| 목 차 |

저자서문 _ 3
역자서문 _ 5

제1강　**대지**(大智) _ 13
제2강　**대비**(大悲) _ 85

저자약력 _ 157

◆ 본문의 강조점은 원서에 의거한 것이고, 주석은 내용 이해를 돕기 위한 역자의 주입니다.

대지(大智)

1.

불교 이야기를 하기 전에, 종교 일반에 관해서 조금 말씀드리려고 합니다. 그것은 종교가 오해되기 쉽기 때문입니다.

불교도 하나의 종교입니다. 그러므로 그 밖의 다른 여러 종교와 마찬가지로 생활 그 자체와는 아무런 직접적인 교섭(交涉)을 하지 않는 것으로 생각되는 경우가 이따금 있습니다. 종교가 없더라도 살아가는 데는 아무런 지장이 없다고 말하는 사람이 꽤 있습니다. 심한 경우에는, 종교는 단지 미신에 지나지 않고, 극락(極樂)이라든가, 지옥이라든가, 그와 같은 것에 자신들은 완전히 무관심하다고 말합니다. 더 심한 경우에는 이렇게 말합니다.

- 종교는 군중을 취하게 하는 아편이다. 자본가나 관료는 그것을 이용하여 군중을 자신들의 의지대로 맹동(盲動)시키고 있다고 합니다. 적어도 종교 배척자는 신(神)을 이기적인 기원의 대상에 지나지 않는 것으로 보고 있는 것입니다.

불교가 종교로서 이러한 범주에서 벗어나지 않는 것이라면, 불교가 우리들 일상생활에 미치는 작용, 또는 미치지 않으면 안 되는 작용에 대하여, 이 사람들은 무엇 하나 요해(了解)하고 있는 바가 없다고 말하지 않을 수 없습니다.

보통 우리들의 (일상)생활 가운데에서 알아차리지 못하는 것이 있습니다. 그것은 우리들의 세계가 하나가 아니고, 두 개라는 것입니다. 그리고 이 두 개가 그대로 하나라는 것입니다. 두 개의 세계는, 하나는 감성(感性)과 지성(知性)의 세계, 또 하나는 영성(靈性)의 세계입니다. 이 두 세계의 존재를 알아차린 사람이라도, 실재하는 세계는 감성과 지성의 세계이며, 또 하나의 영성적 세계는 비실재이며, 관념적이고, 공상(空想)의 세계로, 시인이나 이상가(理想家) 혹은 이른바 영성편중주의자(靈性偏重主義者)의 머릿속에만 있는 것으로 생각하는 것입니다. 그러나 종교적 입장에서 보면, 이 영성적 세계만큼 실재성을 가진 것은 없습니다. 그것은 감성적 세계와 비교할 수 없는 것입니다. 일반적으로는 후자를 구체적인 것으로 생각하지만, 사실은 그렇지 않고, 그것은 우리들의 머릿속에서 재구성한 것입니다. 영성적 직각(直覺)의 대상이 되는 것이 아닙니다. 감성의 세계에만 (머물고) 있는 인간이 무언가 만족하지 못하고, 왠지 모르게 어딘가 부족하고, 불안한 기분에 휩싸이기 쉬운 것은 그 때문입니다. 왠지 무언가를 잃어버린 것 같은 느낌이 들어, 그것을 발견하기까지는 여러 가지 형태로 괴로워하는 것입니다. 즉 영성적 세계의 진실성에 대한 동경이 무의식적으로 인간의 마음을 움직이게 하는 것입니다.

이것은 커다란 철학적인 문제이기도 하지만, 그것은 어쨌든 간에, 인생의 나날은 모순으로 가득 차 있습니다. 우리들은 대개 그것에 대해 알아차리지 못하고 지나치고 말지만, 일단 알아차리게 되면, 그 해결을 위해 고심하게 됩니다. 고심하면서, 여기저기로 방황하면서, 어떻게 해서든 그것으로부터 이탈하려고 합니다. 이 끝없는 노력이 진행됨에 따라서, 지금까지 살아온 생활이라는 것이 얼마나 진실 되지 못하고 무의미 했던 것인가를 점차 알게 됩니다. 이 단계까지 나아가게 되면, 우리들은, 무언가 차원을 달리한 곳에 다른 경계가 있는 것은 아닐까 하는 느낌이 들게 됩니다. 그리고 이 경계는 지금 우리들이 현재 살고 있는 세계보다도 진실성에서 풍부하며, 별도의 가치를 가진 것처럼 느끼게 됩니다. 그리고 또한 이 세계는, 지금까지 이보다 소중한 것이 없다고 목숨을 걸고 지켜 왔던 것을 완전히 버리는 것에 의해서만, 발견되어지는 것이라고 말할 수가 있습니다. 즉 여기에서 영성적 세계를 생생하게 엿볼 수 있게 됩니다.

이렇게 하여 영성적 세계를 실제로 파악할 때 – 혹은 이렇게 말해도 좋은데, 영성적 세계가 실제 이 우리들의 감성적 세계에 비집고 들어올 때, 일상적인 일반의 경험 체계가 완전히 역전되는 것입니다. 실재[實]가 실재가 아닌 것[非實]이 되고, 참[眞]이 참이 아닌 것[非眞]이 되며, 다리[橋]가 흐르고 물은 흐르지 않고, 꽃은 붉지 않으며, 버드나무는 푸르지 않다고 하는 것으로 됩니다. 상식적으로는 참으로 기괴천만(奇怪千萬)한 것으로 생각되지만, 영성적 직각(直覺)의 입장에서 보면, 그렇게 되는 것입니다. 그것은 이 영성적 세계가 일반 감성적·지성적 세계에 비집고 들어 올 때, 우리들의 지금까지의 경험을 모두 부정하기 때문입니다. 그러나 착각해서 안 되는 것은, 이들 경험은 그럼에도 불구하고, 지금까지의 감성적 분별적 특성을 완전히 잃지 않고 있다고 하는 것입니다. 차별의 세계는 지금도 여전히 차별의 세계이지만, 단지 하나의 차이가 있는데, 그것은 이 천차만별의 세계가 그대로 영성적 세계의 소식이라고 하는 초분별식적(超分別識的) 직각(直覺)에 있습니다. 바꿔 말하면, 우리들은 여기에서 지금까지 진실하지 않은[非眞實] 몽환성(夢幻性)의 것으로 생각해버렸던 것이, 필경에는, 반드시 그러한 것은 아니었다고 하는 것으로 됩니다. 몽환(夢幻)은 그 배후에 진실한 것을 가지고 있음을 느끼게 됩니다. 그것은 왜냐하면, 영성은 한편으로는 감성적 경험을 부정해 버리지만, 감성적 세계는 이 부정으로 인해 그 천차만별의 지성적 분별을 영성 가운데에 그대로 보존해 가는 것입니다.

영성적 세계라고 하면, 많은 사람들은 무언가 그와 같은 것이 이 세계의 밖에 따로 있고, 이 세계와 저 세계라고 하는 두 개의 세계가 대립하는 것처럼 생각하지만, 사실은 하나의 세계인 것입니다. 두 개라고 생각되어지는 것은, 하나의 세계가 인간에게 나타나는 방식이라고 말하여도 좋을 것입니다. 즉 인간이 하나를 두 개로 보는 것입니다. 이것을 모를 때, 실제 두 개의 대립하는 세계가 있다고 맹신하는 것입니다. 우리들이 생활하고 있는 상대적 세계와, 그 배후에 있는 것(잠정적으로 그렇게 해둔다)과는 유일불이(唯一不二)한 전체를 형성하는 것입니다. 이것을 떠나서, 각자에게 제각각의 특별한 가치가 있다고 하게 되면 양쪽 다 진실성을 잃습니다. (또는) 이렇게 말해도 좋을 것입니다. - 상대성의 세계는 영성적 세계에 몰입하는 것에 의해서 그 진실성을 획득하지만, 그렇다고 해서 상대성 그것이 없어지는 것은 아닙니다. 무분별한 혼돈으로 돌아간다는 의미가 아닙니다. 영성적 세계도 또한 그와 같이 이 이성적 분별의 차별성 가운데에 비집고 들어 와도 그 때문에 지금까지의 차별적 경험의 체계가 혼란스럽게 되는 것은 아닙니다. 단지 지금까지와는 다른 보다 깊은 의미가 거기에서 읽혀져 와, 이 생활이 실로 가치가 있는 것으로 됩니다. 인생의 불행은, 영성적 세계와 감성적 분별적 세계를 두 개의 서로 다른 세계로, 서로 간에 반목하는 세계라고 생각하는 것으로부터 나오는 것입니다. 혼연한 하나의 진실한 세계를 꿰뚫는 것이 필요합니다.

이미 하나의 진실한 세계만이 있다고 하면, 어떻게 해서 두 개의 세계가 있는 것처럼 말하는 것일까요. 그것은 망상(妄想) 때문입니다. 이 세계는 이성 또는 지성의 측면으로부터 보면, 합리성을 가지고 있는 것처럼 보이지만, 영성적 직각의 입장에서 보면 망상인 것입니다. 인간은 원래 지성적으로 되어 있기 때문에, 우리들은 무언가에 대해서 합리화를 하려고 합니다. 그래서 이 합리화로 인해 하나가 둘로 나눠집니다.

그러므로 두 개의 세계 중 하나는 분별과 차별로 되어 있습니다. 이것은 합리성에 의해 지배됩니다. 또 하나의 세계는 무분별과 무차별의 세계입니다. 전자를 감성적(혹은 지성적) 세계, 후자를 영성적 세계라고 합니다. 우리들의 생활은 차별의 세계에서 영위되고, 우리들은 이것을 진실한 세계라고 생각하고 있습니다. 그러므로 영성적 세계는 이 지성적 분별의 배후에 존재하는 것으로, 우리들은 감각의 작용이 강력하기 때문에, 이것을 알아차리는 것이 불가능하다고 생각합니다. 그러나 사실은, 이 차별 또는 분별의 세계는, 무분별·무차별의 세계에 의해, 철저하게 꿰뚫어져[穿貫] 있습니다. [분별도 차별도 같은 것이기 때문에, 달리 말하면, 타(他)는 스스로 그 가운데에 포함된다. 무차별·무분별의 경우도 마찬가지이다.] 그리하여 차별의 세계가 참다운 의의를 가지게 되는 것은 무차별의 광명에 비추어 부수어질[照破] 때인 것입니다. 이것이 회득(會得)되어 질 때 종교적 생활이 시작되는 것입니다.

무차별이라고 하는 것이 우리들 일상의 경험이 아니라는 것은 쉽게 인정할 수 있습니다. 그것은 천차만별의 세계와 완전히 떨어져 있기 때문에 무엇이라고 생각할 수가 없습니다. 즉 무차별과 차별은 서로 용인되지[相容] 않습니다. 이 세계에서는 이와 같은 모순은 생각할 수 없습니다. 그러나 사실을 말씀드리면, 이 무차별, 따라서 이 생각되지 않는 곳에 종교적 생애가 있습니다. 그러므로 여기에는 이성화(理性化)할 수 없는 것, 이지(理智)로는 요해할 수 없는 여러 가지의 경험이 있는 것입니다. 이것을 어떻게 해서라도 단지 이지의 측면에서 이해하지 않으면 안 된다고 하게 되면, 모순 백출(矛盾 百出)하여, 걷잡을 수 없게 되는 것입니다. 그러므로 차별과 무차별(즉 평등)이 어떻게 해서든지 원융(圓融)하는 하나의 지점[一點]까지 나오지 않으면, 그 모순이, 모순이 아닌 것으로 되어 논리에 까다로운 사람을 만족시킬 수는 없게 될 것입니다.

　무차별, 무분별의 세계를 영성의 세계라고 말하여 둡니다. 전통적으로는 열반(涅槃)·보살(菩薩)·성불(成佛)·극락왕생(極樂往生) 등이라고도 합니다. 왕생 등이라고 하면, 그것은 사후의 세계가 아닌가라고 말씀하시겠지만 반드시 그러한 것은 아닙니다. 어쨌든 이 불교어들의 의미를 충분하게 터득[會得]하는 것은 쉽지 않습니다. 우리들은 언제나 지성적 분별에 얽매여 있기 때문에, 그것은 어떠한 것이라도 이분(二分)하여 보지 않으면 용납하지 않기 때문입니다. 그러므로 이 결박[繫縛]을 벗어나지 않는 한 딜레마의 해소는 불가능합니다. 그러기 위해서는 어쨌든 잠시라도 이성과 손을 떼지 않으면 안 됩니다. 지성은 차별과 분별의 세계에서는 사물의 이해에 불가결한 도구이지만, 무차별계에 들어가게 되면, 그 필요성을 잃어버리게 됩니다. 그럴 뿐만 아니라 오히려 장애가 되는 것입니다. 선자(禪者)가 알음알이[智]를 죽이라고 하는 것은 이런 이치입니다. 죽인다는 것은 그것을 넘어선다는 의미로, 여기에서 비로소 존재의 근원에 접촉하게 되는 것입니다.

분석이나 분별의 세계는 나[我]라고 하는 한 생각[一念]에 지배되고 있습니다. 그러므로 나[我]를 쳐 죽이지[打殺] 않는 한은 평등무차별의 세계에 들어가는 것은 불가능합니다. 지성을 쳐 죽이는 것은 나를 쳐 죽이는 것에 지나지 않습니다. 이렇게 말씀드리면 왠지 소극적인 느낌이 들고, 정력의 원천을 고갈시키는 것처럼 들릴지 모르겠습니다. 그렇다고 하면 영성의 세계는 단지 명상적(冥想的)인 것으로, 적극성도 긍정성도 없는 것일까요. 우리들이 일상생활을 하고 있는 실제 세계와는 몰교섭한 것일까요. 우리들은 경우에 따라서는 이와 같은 생각을 하기도 합니다. 그러나 실제는 영성적 무차별의 세계를 한번 다녀오지 않으면, 이 분석을 위주로 하는 지성의 차별계 - 즉 나[我]를 근거로 하고 있는 세계가, 우리들의 일상의 근저로서 가져야만 하는 참된 의의를 거양(擧揚)할 수 없습니다. 그러므로 이 차별계는 영성적 무분별계에 무언가의 연관을 가지는 것에 의해서 가치를 갖게 되는 것이라는 것을 잊어서는 안 될 것입니다.

불교에 '대사일번(大死一番)'이라고 하는 것이 있습니다. 이것은 우리들 일상생활에서 죽는 것, 분석적 지성에 종말을 고하는 것, 나[我]를 죽이는[斃] 것을 말합니다. 소위 '이렇다 저렇다고 말을 하고 싶어 하는 분별에 대하여 한방[一大痛棒] 먹여라, 그리고 그 시체[死骸]는 개[狗者]에게 주어 먹게 하여라'라고 하는 것입니다. 보통은 이와 같은 것을 말하지 않지만, 조금 생각해 보면 알 수 있습니다. 차별계를 넘어 지성의 저편으로 간다고 하는 것입니다. 그것은 말할 것도 없이, 무분별계의 소식을 전하기 위해서는 아무리 해도 한번은 분별지(分別智)와 서로 결별[分袂]하지 않으면 안 됩니다. 반야(般若) 지혜의 광명은 이렇게 하여 빛을 발하게 됩니다. 반야(Prajñā)에 대해, 식(識), 즉 분별식

(分別識, Vijñāna)이라는 글자가 있습니다만, 이것은 자기를 중심으로 하여 무언가 대상을 조작하여 분별하는 움직임입니다. 이것은 불각성(不覺性)을 가진 것으로, 무분별지(無分別智)는 아니지만, 이것이 일전(一轉)하여 반야(般若)의 지혜가 되면, 별경계(別境界)에 들어가게 됩니다. 우리들 일상의 의식(意識, consciousness)이라는 것은 그것만으로 충분히 도움이 되는 것이기는 하지만, 반야의 지도(指導)가 없이는 실제로 홀로 설 수가 없는 것으로, 언젠가는 번쇄(煩瑣)하기 이를 데 없는 미로 가운데에 빠져들도록 되어 있습니다. 그렇다고 해서, 반야가 분별식(分別識)의 흔적을 없애버리는 것은 아닙니다. 분별식이 반야의 거울에 비춰져서, 자신의 모습을 분명하게 발견하는 것에 의해, 자신이 움직여야만 하는 장소를 명료하게 회득(會得)하는 것입니다. 분별식과 반야를 별개의 것으로 생각해서 대상적(對象的)으로 분리시키는 것은 착오의 근원입니다. 분리의 대립은 분별식에 근거하여 말하는 것으로, 반야의 무분별지는 거기에는 없습니다. 거기에는 없지만, 무분별은 분별 가운데에 들어가고 분별은 무분별 가운데 들어가서 비로소, 조용자재(照用自在)한 움직임

이 있는 것입니다. 분별만으로는 어떻게 해도 막다르게 되고, 이것을 타개하는 길은 대사일번(大死一番) 이외에는 없는 것입니다.

그러므로 반야의 지혜(智)는 무지(無知)의 지(知), 무분별의 분별, 무념(無念)의 념(念)이라는 것이 됩니다. 또한 무념무상(無念無想)이라고도 무아무심(無我無心)이라고도 말합니다. 이것은 보통 심리학 등에서 말하는 무의식(unconscious) 또는 잠재의식(sub-conscious)과는 크게 다른 것임을 잊어서는 안 됩니다.

'매년 피는 구나, 요시노[吉野]의 산벚나무를 쪼개보아요, 꽃이 있는 곳은.'
라고 하는 도가(道歌)가 있습니다. 또한,

'올까 올까 하여 해변에 나와 보면 해변은 솔 바람 소리뿐.'
이라고 하는 노래도 있습니다. 무심(無心)한 마음을 헤아리게 하는 것입니다. 어려운 학술적인 말보다도, 이와 같은 표현 가운데에, 오히려 무분별의 분별적 소식이 엿보이는 것입니다.

무심 또는 무념이라는 말을 외국어로 번역해보려고 여러 가지로 시도해 본 적도 있었습니다만, 결국

대지(大智)

직역하는 것보다 좋은 방법은 없는 것 같습니다. 결국 무의식적 작용이기는 하지만, 이 무의식은 분별식의 관점에서 본 것이 아니고, 더욱 더 깊게 파고들어 형이상학적 무의식의 경지라고도 말할 수 있고, 또는 영성적 직각으로, 분별적 지성 또는 의식적 오성(悟性)의 흔적이라고는 아무것도 없는 곳입니다. 즉 이지(理智)가 그 한계에 도달했을 때 그 경계선을 과감히 뛰어넘어, 비로소 얻게 되는 경험 사실입니다. 의식면과 무의식 면을 함께 떨쳐버리고, 아뢰야식(阿賴耶識, Ālaya-vijñāna)의 암흑을 완전히 둘로 베어버린 곳에서 나타나는 경험 사실입니다. 무념 또는 무심을 이 점에서 발견하면, 우리들이 평소 움직이고 있는 장소는 불교자(佛教者)가 보고 있는 것과는 큰 차이[逕庭]가 있음에 생각이 미치게 됩니다.

그래서 반야(般若)는 불가사의(不可思議)라고 말해집니다. 사의(思議)한다는 것은 분별하는 것, 분석하는 것입니다. 불가사의는 이것과 대척적(對蹠的)인 것이기 때문에, 뭐라고 말해도 지성의 분제(分齊)는 아닙니다. 종교는 모두, - 불교는 물론이지만 - 이 불가사의, 이

마하(摩訶) 불가사의(不可思議)를 둘러싸고 행동하는 것입니다.

반복해서 말씀드리지만, 무분별·무차별의 영성적 경애(境涯)는 지성적 분별의 세계에서 분리된 것은 아닙니다. 만약 그것이 분리되어 있는 것이라고 하면, 오늘의 생활과 몰교섭하게 됩니다. 불교가 지극히 강조하는 것은, 차별과 평등이라고 하는 모순된 개념의 자기 동일성 또는 원융무애성(圓融無碍性)입니다. 그러나 이것은 일반의 논리적 사색으로는 체현 불가능한 사실이므로, 서로 용납되지 않는 것이 동일하다고 하는 것은 논리 상으로는 매우 터무니없는 것입니다. 불교자는 무분별의 분별을 사변 위에서 납득시키려고 하는 것은 아니고, 일상 경험 위에서 무분별이 분별 가운데에 삼투(滲透)하고 있는 것을 회득(會得)시키려고 하는 것입니다. 우리들은 의식을 가지고 여러 가지로 분별을 합니다만, 이 분별은 실은 어느 것도 절대무분별, – 절대무의식이라고 해도 좋지만 – 거기로부터 나오고 있다는 것을 깨닫게 하려고 하는 것입니다. 그래서 이것을 심리학적으로 경험하는 것은 아니고, 영성적으로 직각하는 것입니다. 그것은 무분별의 무이해(無理解)를 그대로 체득하는 것입니다. 갑(甲)과 비갑(非甲)이 동일하다고 하는 것은 분별상의 것이 아니기 때문입니다. 반야 자체로 온전히 되면, 주인[主]도 없고 손님[賓]도 없고, 깨닫는 주체[能覺]도, 깨닫는 대상[所覺]도 없지만, 그런데도 무엇이든 요요(了了) 분명하며, 무분별의 분별이며, 분별의 무분별입니다. 이것은 무어라고 말해도 이지 사려(理智思慮)의 경지는 아닙니다. 불교를 회득하려고 할 때는, 이 구경지(究竟地)에 한번 도달하여, 절대로 서로 용납되지[相容] 못하는 것이, 그냥 그대로 자기 동일성을 가지고 있다는 것을 밝히지 않으면 안 됩니다. 이것을 영성적 직각이라고 말하지만, 불교적으로 말하면, 득오(得悟)라고도, 개오(開悟), 체현(體現), 득보리(得菩提), 반야의 개발(開發)이라고도, 정토왕생(淨土往生)이라고 해도 좋을 것입니다. 다른 종교에서는 '다시 태어난다'라고도 하겠지요, 또는 '생(生)을 버리고서 생으로 돌아간다'고도 말할 것입니다.

이 이야기를 보다 실제적으로 말씀드리면, 불교는 -종교는- 알몸[眞裸]이 될 것을 요구합니다. 우리들은 대개 일상적으로 여러가지의 것을 이 몸에 걸치고 있습니다. 그리고 그것은 모두 자신에게 본래 소속된 것은 아닙니다. 예를 들면, 우리들은 옷을 입고 있습니다. 그것은 본래 추위를 이기기 위한 것이지만, 그것이 그 이외의 의미를 가지게 되어, 자신을 자신이 아닌 것으로 하게 합니다. 옷이 날개라는 말이 있습니다. 그리고 가옥도 있습니다만, 이것도 실용 이외의 것이 되었습니다. 자신의 부(富)라든가 사회적 지위 정치적 권력 등을 과시하는 것으로 되었습니다. 그리고 이 권력·지위·재산과 같은 것도 본래부터 자신의 것은 아니고 부속물입니다. 그러한 것이 있어도 그것으로 인해 자신의 참 가치가 조금도 느는 것이 아닙니다. 조금만 생각해 보면, 그것은 무용(無用)의 쓸모없는 물건[長物]이라고 말할 수 있는 것입니다. 한번 생사안두(生死岸頭)에 설 때는 이 신체조차도 아무런 거리낌 없이 버리고 가는 것입니다. 영성적 자각(自覺)의 사람은 모든 외래(外來)의 것에 붙잡히지 않습니다. 옛날, 당나라의 측천무후(則天武后)는 고승들에게 욕탕(浴湯)을 공양하여 알몸[眞裸]이 되게 하고, 그 사람들의 평생(平生)을 시험했다고 하는 것 등도 있습니다. '물에 들어가서 인물 됨[長人]을 본다'고 말하고 있습니다. 적나라하게는 좀처럼 되지 않는 것입니다. 적나라·정쇄쇄(淨灑灑)라고 말씀드리지만, 이것이 차별을 버리고 분별을 없애버린 모습입니다. 옷도 가옥도 사회도 인간생활이지만, 인간의 본래의 모습을 보기 위해서는, 한번 영성의 거울[明鏡] 앞에서 모든 것을 벗어 던지고 서 보지 않으면 안 됩니다. 이 때 비로소 유불여불(唯佛與佛)이라고 하는 것이 이해됩니다. '아브라함이 있기 전에 내가 있다'고 그리스도가 말한 것도, '네가 바로 그것이다(Tad tvam asi)'라고 하는 인도인의 말도, 모두 이런 의미를 전하는 것입니다.

2.

하나조노(花園) 천황은 불교에 독신(篤信)한 분이셨는데, 하루는 대덕사(大德寺)를 개산(開山)한 대등국사(大燈國師)를 부르셔서 불교에 관해서 물으셨습니다. 사자(使者)는, 국사가 도복만 입고, 한 겹[一重]의 좌석을 사이에 두고서[1] 천왕에게 말씀을 올리도록 전했지

---

1. 좌석의 높낮이에 차등을 두는 것을 의미하는 것으로 보인다.

만, 국사는 그것을 기뻐하지 않았습니다. 가사를 입고 천황과 대좌하는 것을 재삼(再三) 요구하였습니다. 천황이 이것을 허락하셨기 때문에, 그대로하여, 어전(御前)에 올랐습니다. 천황이 말씀하시길,

 '불법(佛法)이 부사의(不思議)하여, 왕법(王法)과 대좌(對坐)한다.'

국사는 바로 여기에 응하여,

 '왕법이 부사의하여, 불법(佛法)과 대좌한다.'
라고 말씀하셨습니다. 천왕은 이 대답에 만족하셨다고 합니다.

이 문답은 시사하는 바가 큽니다. 불법과 왕법의 대항(對抗)은 영성계(靈性界)와 지성계(知性界), 무분별(無分別)과 분별(分別), 평등과 차별이라고 하는 것의 대항입니다. (혹은 모순이라고 말해도 좋습니다.) 여기에서 불법은 대등(大燈)에 의해서 대표되고, 왕법은 천황에 의해서 대표되고 있습니다. 차별계(差別界)에서 말씀드리면, 이것을 지배하는 법칙이 있기 때문에, 누구라도 이것을 준봉(遵奉)하는 것입니다. 나무는 나무이고, 대나무는 대나무로, 나무로는 되지 않습니다. 산은 높고 물은 깊으며, 버드나무는 푸르고 꽃은 붉고, 각각은

제 자리를 지키고 있습니다. 또한 이것을 사회 구성의 측면에서 말하면, 주종(主從)의 관계가 어떠한 의미로든 따릅니다. 지금의 경우에서는 대등(大燈)은 신하이며 천황은 주상(主上)입니다. 한 겹의 좌석을 사이에 두는 것은, 당연한 일이지요. 천황의 물음은 이런 생각(心持)를 품고 있는 것입니다. 지성의 지배를 받는 분별세계(分別世界)에 무분별을 함부로 틈입(闖入)시키면, 무질서하게 됩니다. 차별 위에 서 계시는 천황의 생각에서 보면, 그 위에 다시 다른 세계가 있는 것을 인정할 수 없습니다. 그런데 국사의 입장에서는 차별계에서 포착되지 않는 바를 천황에게 알려드리는 것이 이번의 역할입니다. 그래서 천황의 불법(佛法) 부사의(不思議)에 대해 국사의 왕법(王法) 부사의(不思議)인 것입니다. 천황에게 있어서 자신의 입장 전환이 없는 이상, 국사의 입장은 알 수 없습니다. 국사는 차별 즉 평등, 평등 즉 차별인 자리에서 부사의(不思議)를 말하고 있는 것입니다. 천황의 불사의는 상관적(相關的), 대상적(對象的)인 것으로, 차별을 벗어나 있지 않습니다. 국사는 절대성(絶對性)의 부사의이기 때문에 불사억측(不思臆測) 즉 지성적 분별을 받아들일 여지가 없습니다. 사용된 문자는 같아도, 이것을 뒷받침하고 있는 마음은 천양지차(天壤之差)가 있습니다. 천황이 자신의 입장을 버리지 않는 한 국사의 경지는 엿볼 수 없고, 따라서 자신의 의심(疑団)은 해소되지 않습니다.

국사의 부사의와 천황의 부사의는 동일한 범주에 속하는 것이 아니기 때문에, 천황에게 일단(一段)의 비약(飛躍)이 요구되어집니다. 영성적 직각의 여러 점에 대해 사려 분별을 응용하려고 하는 커다란 착오에 빠지지 않을 수 없습니다. 일단 비약이 있으면 차별 즉 평등에 대한 의심은 스스로 해소됩니다. 영성적 직각에서 나오는 말에는 천황의 어휘 중에 발견할 수 없는 것이 있습니다. 천황의 어휘 가운데에서도 국사에게 사용하게 하면 다른 풍조(風調)로 읊어지는 것이 있습니다. 무분별 가운데서 나온 것은 역시 무분별의 위에서 회득(會得)되지 않으면 안 됩니다. 그러나 천황도 무언가 이해하신 바가 있으셨겠지요. 국사에게는 대좌(對坐)를 그대로 허락하셨습니다.

천황은 그 후 또 대등국사를 부르셨고, 다음과 같이 질문을 하셨습니다.

'만법(萬法)과 짝하지 않은 자 이것이 누구인가?'

이것은 선록(禪錄)에 잘 나오는 질문입니다. 결국 분석할 수 없는, 대상을 끊었다는 뜻입니다. 천황은 앞의 문답에서도 충분하지 않은 바가 있었기 때문에 다시 질문하셨던 것입니다. 분별 사려의 소굴을 나오는 것은 일조일석(一朝一夕)의 일이 아니기 때문에, 암운(暗雲)저미(低迷) 가운데 있었던 천황은 어떻게 해서든 광명을 접해 보려고 생각하셨던 것입니다. 국사는 이에 대해 직접 대답을 하지 않고, 천황과 마찬가지로 분별적 입장을 지키면서, 수중(手中)의 부채를 흔들며,

'황풍(皇風)이 오래 부채질한다.'

고 대답하셨습니다. 이것을 분별적 입장이라고 말해도 좋고, 또는 초절(超絶)적 입장, 즉 만인과 짝하지 않는 바라고 해도 좋지만, 어쨌든, 부채를 흔드는 등은 일상의 행사입니다. 이것은 인자함이 넘치는 군주 아래에서는 만민이 안심하여 태평을 노래하기 때문에, 그것은 마치 춘풍의 온화함 속에 유유자적하는 마음가짐입니다. 국사의 부채에서 나오는 바람은 바로 그것입니다. 이 바람은 그대로 절대자-즉 무분별평등지(無分別平等智)입니다. 만인과 짝하지 않은 것은 실로

만인과 짝하는 것입니다. 평등은 곧 차별이고, 무분별의 분별입니다. 단지 이것만으로는 상당히 이해하기 어렵습니다. 좀 더 단도직입적으로 그 절대라고 하는 것의 당체(當體)가 무엇인가라고 묻지 않을 수 없습니다. 그것은 천황 자체이며, 대등국사 자체입니다. 이렇게 말하는 강연자 자체입니다. 여하튼 수많은 절대자라고 말씀드리지만, 여하튼 그대로 입니다. 무수한 절대가 거기로부터 나옵니다. 분별이 그대로 무분별, 평등이 그대로 차별입니다.

필경 불교의 근본의(根本義)는 대상계(對象界)를 초월하는 것입니다. 이 세계는 지성적 분별과 정념적(情念的) 혼란의 세계이기 때문에, 한번 이것을 벗어나지 않는 한 영성적 직각을 체득하여 절대경(絶對境)에 몰입할 수 없습니다. 그렇다고 해서, 절대경을 분별경(分別境)과 대항(對抗)하게 해서는 안 됩니다. 이와 같은 대항은 아직 분별적 이원(二元)의 경지를 떠나지 않은 것이 됩니다. 이것은 우리들이 언제나 빠지기 쉬운 함정입니다. 무엇이든지 대상을 떠나려[出離]고 하면 그 대상에 또 새로운 출이(出離)라는 대상을 두는 것이 됩니다. 그것은 절대를 오히려 상대로 끌어내리는 것으로, 그렇게 되면 그 위에서 다시 무언가를 두지 않으면 안 되게 됩니다. 절대(絶對)는 상대(相對) 그대로의 절대가 아니면 안 됩니다. 상대 즉 절대, 절대 즉 상대라고도 하고, 또한 일 즉 다(一卽多), 다 즉 일(多卽一)이라고도 하는 것은 이 도리입니다. 이 세계에 있어도 안 되고, 이 세계를 떠나서도 안 된다고 하면, 어떻게 해야 좋은가라고 말씀하시겠지요. 이것이 논리의 미궁(謎宮)이며, 그래서 인생의 고뇌입니다.

이 고뇌가 그대로 해탈입니다. 그러나 그것은 어떻게 해도 단순히 이치로는 해소되지 않으므로 국사는 당면한 문제를 그대로 받아들이지 않고, 뭐라고 대답을 할 수가 없었던 것입니다. 국사는 다만 수중의 부채를 흔들어, 천은(天恩)의 두터움에 감사한다고 말씀하셨습니다. 아무리 논리의 도리[筋途]를 바르게 해도 단지 그것만으로는, 만법과 짝하지 않은 밑바닥[底]은 엿볼 수 없으며, 무용(無用)의 언어를 쓰는 것보다는 경험 그 자체를 단적(端的)으로 들이대는 것보다 나은 것은 없습니다. 이것은 천황이라고 해도, 서민이라고 해도 차이가 없는 것입니다. 국사는 일부러 정면을 피했다고, 보통은 그렇게 말하겠지만, 사실은 이것처럼 직접적인 설법은 없습니다. 만법과 짝하지 않는 밑바닥[底]은, 이미 만법과 짝하지 않기 때문에, 차별 가운데는 없습니다. 또한 분별할 수 있는 사항도 아닙니다. 그렇지만, 이것들을 떠났다고 하면, 처음부터 우리들의 이야기 거리가 되지 않습니다. 그 때문에, 절대는 상대 위에 있어도, 또한 그 가운데에 있지 않으면 안 되는 것입니다. 이 물음의 소식을 전하는 것은, 가장 평범하고 산문적으로 보이는 것으로 표현해야만 하겠지요. 평범해도 보기에 따라서는 매우 시적이며 형이상학적이며 웅변으로 무분별의 분별경(分別境)을 당당히 드러내는 것입니다. 만법과 짝하지 않은 밑바닥[底]의 사람은, 국사 수중(手中)의 부채와 함께 흔들리고 있는 것입니다. 그리고 그 부채의 흔들림은 그대로 또한 국사 그 사람입니다. 천황 그 사람입니다. 우리들 한사람 한사람입니다.

이것으로도 알 수 있지만, 불교 - 실은 어떠한 종교라도, 그것을 회득(會得)하려고 하면은, 일단은 지성(知性)의 영역을 일탈하지 않으면 안 됩니다. 지성은 분별을 그 생명으로 하기 때문에, 무엇이라도 둘로 나누지 않으면 승인[承知]하지 않습니다. 그런데 지금 요구

되는 것은 절대의 일자(一者)이기 때문에, 무언가 지성 이외의 것의 작용이 있지 않으면 안 됩니다. 그러나 이 일자(一者)는 이(二) 또는 다(多) 즉 차별계에 있어서의 요구이기 때문에, 이 후자를 떠나서는 안 됩니다. 그러나 일(一)은 이(二)에 대한 일(一)인 것은 아닙니다. 이(二) 밖에 일(一)이 있다면, 그 일(一)과 이(二)가 대립하여 새로운 이(二)가 생기고, 일(一)은 더 이상 절대가 아닙니다. 일(一)은 이(二)를 떠나서는 안 되지만, 또한 그 가운데에 있을 수도 없습니다. 즉(卽)하여 떨어져 있지 않고, 떨어져 즉(卽)하지 않다고 하지 않으면 안 됩니다. 이것이 무분별의 분별, 분별의 무분별입니다. 또는 분별이 무분별이고, 무분별이 분별이라고 해도 좋습니다. 이것은 지성적 분별을 거부한다는 뜻이 아닙니다. 분명히 무분별의 분별 등이라고 말하면, 지성을 절멸시키는 것[泯絶]으로도 생각됩니다만, 결국은 일단 지성을 부정하고, 그것을 넘어서 끊을[超絶] 때, 비로소 지성을 움직이게 하는 것의 근원에 도달하게 됩니다. 부정은 초월의 뜻이며, 초월은 곧 구경(究竟)의 뜻입니다. 지성적 분별은 단지 분별할 뿐만이 아니라, 그 분별 위에서 분별을 거듭하여, 칠중(七重) 팔중

(八重)으로 그 몸을 속박합니다. 이것으로부터 떠나지 않으면 자유로운 몸이 될 수 없습니다. 이것을 영성적 행위의 측면에서 말하면, 아담이 죽어서 그리스도로 사는 것이며, 또한 죽음으로부터 부활한 그리스도라고 하는 것입니다. 바울이 말한 바와 같이, 그리스도의 소생(蘇生)이 없으면, 자신들이 말하는 것에 아무런 의미도 없게 되며, 또한 듣는 사람이 가진 신앙도 무익하게 되는 것입니다. 크게 한번 죽은[大死一番] 절후(絶後)에 소생하는 경험이 없이는, 그리스도교도 불교도 알지 못하는 것입니다. 그러므로 이것은 신앙입니다. 사려 분별이 아닌 것입니다. 모순의 해소, 분별과 무분별의 자기 동일, 이것은 신앙으로 가능하게 됩니다. 이 신앙은 이원성의 것이 아니고, 개인적 체험으로부터 나오는 바의 일원성인 것입니다. 반야(般若)의 애꾸눈[一隻眼]이 열리는 것으로, 불사려(不思慮) 밑바닥[底]의 사려(思慮)입니다.

3.

 성덕태자(聖德太子)는 『법화경(法華經)』과 『유마경(維摩經)』, 『승만경(勝鬘經)』의 세 가지 대승 경전을 주석하셨지만, 어떤 경전도 분별적 사의(思議)를 부정하고 있습니다. 깊은 뜻[意義]이 있다고 생각합니다. 『승만경』은 승만부인이 설한 것으로, 그 가운데 여래장(如來藏)에 관한 내용이 쓰여 있습니다. 여래장이 무량(無量)한 번뇌장(煩惱障)에 전박(纏縛)되어 있으면서도 출리(出離)하여 있다는 것입니다. 여래장이라는 것은 무차별·무분별의 절대(絶對) 청정경(淸淨境)이며, 번뇌장이라는 것은 분별·차별·망상의 대상계(對象界)입니다. 이 둘은 그 성격상 서로 받아들일 수[相容] 없는 것으로 사려하고 분별하는 곳에서는, 이것을 하나로 하는 것이 불가능합니다. 그런데 경전이 설하는 바로는 정(淨)과 부정(不淨), 청(淸)과 탁(濁)이 여래장 가운데에서 하나로 되어 있고, 그리고 그 여래장이 본래 청정하다는 것입니다. 이것은 부사의(不思議)라고 할 수밖에 없습니다. 그러나 분별이 곧 무분별이라고 하는 자기동일(自己同一)의 논리, 즉 영성적(靈性的) 직각(直覺)의 입장에서 보면, 여래장이 그 본래 청정성을 잃지 않지 않으면서도 번뇌장에 전박(纏縛)되어 있다는 것을 알 수 있습니다. 이것은 알음알이[知慮]가 미치는 바는 아니고, 영성적 직각의 분야라는 점으로부터 이것을 믿음[信] 또는 신앙(信仰)이라고 말씀드리는 것입니다. 신앙과 지식의 문제는 꽤 성가신 문제가 되기도 합니다. 그것은 우리들 대다수는 영성적 영역에 한 걸음도 들어가 있지 않기 때문에, 부사의라고 하거나, 신앙이라고 하거나 하면, 대상적·분별적으로 생각합니다. 유불여불(唯佛與佛)이라고 말씀드리지만, 불지견(佛知見)을 열지 못하는 한 『승만경』도 그 외의 경전도 우리들에게는 닫혀 진 책입니다.

기독교의 가르침에도, 제가 요해(了解)하는 한에서는, 같은 취지의 것을 가르칩니다. 기독교의 하늘의 계시[天啓], 이것이 불교의 불가사의(不可思議)에 상당(相當)하지만, 그것은 초자연이며, 초이성(超理性)으로 인간의 앎[知]을 초월한 것이라고 말해지고 있습니다. 이 하늘의 계시는 논리적 추론식의 연쇄(連鎖)에서 얻은 것이 아닙니다. 합리성으로 굳어진 두뇌 가운데에는, 하늘의 계시가 번뜩여 오지 않습니다. 신이 이것을 꺼린다는 것이 아니라, 신으로서는 어떻게 해서든 스스로를 계시하고 싶지만, 이쪽에서 그것을 받아들일 만한 준비가 되어 있지 않은 것입니다. 사실을 말하면, 하늘의 계시[天啓]라는 것은 우리들 자신의 노력으로 구할 수 없는 것입니다. 스스로 오는 것이라고 말씀드릴 수 있는, 천둥이 자연히 울리는 것[天鼓自然鳴]입니다. 그것은 본래 우리들의 마음 가운데에 있고, 그것과 함께 움직이고 있는 것이지만, 우리들은 인간적 지능의 힘으로, 오히려 그것을 우리들 밖에 두고, 우리들과 대립하는 존재로 여깁니다. 그리고 또한 이 지능의 힘을 극도로 써서, 그것을 파악하려고 하는 것입니다. 그러나 천계(天啓)는 그와 같은 순서로 나타나는 것이 아니고, 이 지성을 완전히 죽이는 것이 아니면 안 됩니다. 그러므로 우리들의 지성이 과연 모조리 죽었는가 어떤가하는 것은 신만이 아는 것입니다. 아집(我執) 분별의 생각[念]은 인간아[人間我]가 있는 한 제거되지 않습니다.

기묘하다고 하면 그렇기도 하지만, 오히려 자연이라고 말하여도 좋다고 생각합니다. - 그것은 기독교도들이나 불교도들이나, 일상은 분별계(分別界)에서 살아가기 때문에, 무엇이든 지성적으로 시험하여 그 권위를 최상의 것으로 하는 것입니다. 지성적 분별로 알 수 없는 것은 무가치하다고 하여 버리고 가려고 합니다. 불교도 기독교도 이 점에서는 같은 취급을 받고 있지만, 이 버려진 것은 언젠가는 다시 줍지 않으면 안 되는 시절이 옵니다. 줍는다고 해도, 그것은 다른 것에서 오는 것이 아니고, 원래는 여래장 그 가운데에 감추어져 있었던 것입니다. 그래서 한번 그 것이 발견되어지면, 지금까지 더러운 번뇌의 세계라고 생각했던 것이, 본래의 모습을 바꾸지 않고 그대로 신(神)의 영광(榮光)에 비추어져 드러나는 것이 됩니다. 새가 울면, 여기에 신의 소식[音信]이 들립니다. 종이 울리면, 여기에 신의 소리가 들립니다. 산이 우뚝 솟으면, 여기서 신의 위용(威容)을 봅니다. 불타는 금바라화(金波羅華)를 집어 들고, 마하가섭은 미소를 띱니다. 왜냐하면 양자(兩者) 모두 이미 신(神)의 정토(淨土) 속의 사람이었기 때문입니다. 그러므로 이 정토에는 누구라도 갈 수 있으며, 또한 이미 벌써 그 가운데의 사람입니다. 여기에서는 개념화(槪念化) 등을 할 여가가 없고, 아는 자는 알며, 보는 자는 보는 것입니다.

 후양성천황(後陽成天皇)은 염화미소(拈華微笑)에 평(評)

하여,

 '혜미(惠美)의 눈썹이 열리면 꽃은 매화인가 도화인가 누구도 알려 하지 않고 누구도 알지 못한다.'

 (라고 했습니다.) 누구도 모르지만, 누구라도 알지 못하는 자가 없다고 하는 것은, 무분별(無分別)의 분별(分別)의 세계에서 비로소 회득(會得)되는 것입니다. 보통의 세계에서는, 꽃을 집어 들었는데[拈出], 누군가가 미소 짓는다는 것이, 무슨 말인지 모르는 것이 상궤(常軌)입니다. 그러나 그 사이에 무언가 의미가 있고, 그것이 양자 사이에 통하는 것이 없어서는 안 되고, 그러므로 그것은 어쨌든 합리성의 것일 수는 없습니다. 가섭의 미소는 그의 존재의 가장 깊은[奧深] 곳에서 나온 것이 아니면 안 됩니다. 즉 우리들 누구나가 그 근원으로 하고 있는 곳으로부터 나온 것입니다. 언어문자로는 여기까지는 도달할 수 없는데, 인간의 지성적 한계를 초월한 곳이기 때문입니다. 우리들의 미소는 감성적(感性的) 정성적(情性的) 심리의 영역 밖으로는 나오지 않고, 의식의 표면에 거품과 같이 나타나서는 다시 사라져버립니다. 그러나 가섭의 미소는 새의 미소, 꽃의 미소, 가을 바람[秋風]이 마른 잎[枯葉]을 움직

이게 하는 미소, 홍파탕양(洪波蕩漾)의 미소입니다. '눈으로 보는 것이 도이다[觸目是道]'의 뜻에 대해 질문 받은 선자(禪者)는, 옆에 있던 개를 걷어찼습니다. 개는 깨갱하고 소리를 질렀습니다. 이 울부짖음도 또한 가섭의 미소와 통하는 것이 아닐까요. 깨달은 자들 사이에서는 말이 없어[無言]도 좋지만, 알지 못하는 사람들은 천언만어(千言万語)도 아무런 쓸모가 없습니다.

4.

사려(思慮)가 끊어진 곳을 사려하는 것, 존재의 비밀에 탐색하여 들어가는 것, 이성적 감옥에서 탈출하는 것, 대상계(對象界)를 초월하여 거기에 무엇이 있는가를 보는 것 - 이와 같은 소식(消息)을 접하려고 하면, 한번은 영성적 자각의 경지를 통과하지 않으면 안 됩니다. 그것은 일념만년(一念万年)의 세계, 하나의 털 구멍[一毛 孔]에 대천세계(大千世界)를 받아들이는 세계입니다. 『법화경』에서도 '생각을 다하여 헤아려도 불지(佛智)는 헤아릴 수 없다'고 말합니다. 불지(佛智)란 영성적 자각입니다. 그래서 유명한 「수량품(壽量品)」에

서는,

 '내가 성불한 지는 매우 오래되었다[久遠]. 수명은 헤아릴 수 없는 아승지겁(阿僧祇劫)으로, 항상 머무르며[常住] 변하지 않는다[不變].'
라고 기술하고 있습니다. 역사적으로 보면 석가께서 정각(正覺)을 이루셨던 것은 29세[2] 때 니련선하(尼連禪河) 부근에서, 지금으로부터 2500년 전쯤입니다. 연대(年代)에 대해 다소 차이가 전해지고 있습니다만, 성도(成道)는 일정한 시각에 일정한 장소에서 였습니다. 그럼에도 불구하고, 이 사실이 백천억겁의 옛날이었다고 하는 것, 그 뒤로 지금까지도 영산회상(靈山會上)에서 그 당시처럼 설법을 계속하고 계시다는 것이 경에 설해져 있습니다. 영성적 직각의 견지에서 말하면, 석가는 참으로 지금도 그대로 하고 있다는 것은 의심할 여지가 없습니다. 그리고 자신도 또한 그 많은 제자들 사이에 섞여서 그것을 듣고 있습니다.

 보통 분별 위에서 보면, 역사상의 사실과 종교적 믿음 또는 천계(天啓) 또는 영성적 직각은, 절대로 모순하여 서로 받아들일 수 없는 것으로 됩니다. 인도의

---

2. 35세의 착오로 생각된다.

영산회상(靈山會上)이 지금 일본의 한 가운데 옮겨 왔다든가 하는 것은, 도저히 상식으로는 믿을 수 없는 것입니다. 이런 종류의 모순이 지성에만 머물면 특별히 신경을 쓰지 않고 지내는 사람들도 상당히 있을 것입니다. 그렇지만, 그것이 지성만이 아니라 정성(情性) 가운데로 잠입해 들어가는 것입니다. 여기에서는 모순이 공포・고뇌[懊惱]・우상(憂傷)・고환(苦患)이라는 형태로 나타납니다. 지성과 정성이 별개의 것으로 생각하는 것이 일반적인 습관인 것 같습니다만, 실제로는 그렇지가 않습니다. 정성(情性)의 뒷받침이 없으면 지성은 침쇠(沈衰)합니다. 그리고 이어서 정성 그것이 또한 정체(停滯)하고 울결(鬱結)하게 됩니다. 이에 반해 모순이 풀리어 지견(知見)이 명료하게 되어 투철(透徹)한 분위기를 만들어 내면, 정성(情性)이 우뇌(憂惱) 가운데로 가라앉는 것이 없어집니다. 신경만 날카롭게 되어서 모든 일에 대해 초조한 마음에 사로잡히는 것이 없게 됩니다. 환경에 대한 평화로운 순응성(順應性)이 얻어집니다. 지적 통철성(洞徹性)이라고 말해야만 하는 것이 이 단계에까지 높아지면, 이미 그것은 분별성을 넘어선 것이 됩니다. 무분별의 분별이라는 것이 됩니다. 절대(絶對) 그것이 이 대상적 의식(對象的 意識) 가운데로 날아 오는 것이 됩니다. 불교에서는 또 이것을 무외(無畏)의 경지, 관음보살에 의해서 시여(施與)된 것이라고 말합니다. 관음(觀音)의 별명은 시무외자(施無畏者)입니다.

 서로 받아들일 수 없는 것의 자기 동일-즉 분별의 무분별이라는 문제는, 항상 무언가를 생각하는 사람들에게 있어서는 용이하지 않은 문제이지만, 그와 동시에 이것만큼 근본적인 것은 없습니다. 이것이 어떠한 형태로든 해소되면, 그 밖의 것은 칼을 받아드려 푸는 것이 가능합니다. 그래서 불교도도 이 해소를 향해서 모든 정신을 경도(傾倒)하여, 독특한 방식을 고안해 낸 것입니다. 그것은 불가사의(不可思議) 해탈이라고 하는 것이며, 무심(無心) 또는 무념(無念)이라고 해도 좋습니다. 지성적인 표현 방식으로 말하면, 지혜의 눈을 뜨는 것입니다. 또한 의성적(意性的)으로 말하면 모순 그것의 한 가운데로 뛰어드는 것입니다. 왜 손을 손이라고 하는가, 한손으로 어떻게 소리가 나오는가. 이것을 밖에서 바라보지 않고, 그 가운데로 들어가면

―즉 그 자체가 되면, 문제는 없어지게 됩니다. 그러면 어떻게 해소되었는가 하면, 무해소(無解消)의 해소이며, 부사량(不思量)의 사량으로, 의연하게 논리나 사색의 권내로는 들어가지 않는 것입니다. 그것이 부사의 해탈입니다. 선자(禪者)는 이 단적(端的)인 것을 잘 도파(道破)하고 있습니다. 말하자면, 산은 산이 아니고, 물은 물이 아니며, 부처는 부처가 아니라고 말합니다. 그것은 왜 그런가라고 물으면, 산은 산이고, 물은 물이다, 부처는 부처라고 말할 뿐, 이것에 한마디 분별적 설명을 더하지 않습니다. 성덕태자(聖德太子)가 주석한 『유마경』에도 이와 같은 모순은 도처에 있습니다. 불자(佛者)는 생명의 문제를 밖으로부터 바라보고 그것을 해석하려고 하지 않고, 생명 그 가운데에 뛰어들어가는 것으로 합니다. 반야는 반야가 아니기 때문에 반야라고 돌려서 말하는 것입니다.

건무(建武) 2년 대등국사는 다시 후제호천황(後醍醐天皇)을 위해서 『선요(禪要)』를 설했습니다. 그 가운데에,

'억겁(億劫) 동안 서로 떨어져 있으나 잠시[須臾]도 서로 떨어지지 않고, 하루 종일[盡日] 상대하지만 찰나(刹

耶)도 상대하지 않는다.'

라는 말이 있습니다. 이것 또한 석가가 『법화경』의 「수량품(壽量品)」에서 개시(開示)하고 있는 것과 다르지 않은 것입니다. 석가가 가야성(伽耶城)의 부근에서 몇 천 년 전에 깨달음을 여셨다고 하는 것은 역사상의 사실입니다만, 이 이른바 역사라는 것은 지성의 측면에서 하는 이야기입니다. 지성으로는 시간을 몇 년이라든가 몇 시간 몇 분이라든가 하는 것으로 나눠서 과거·미래·현재를 계산[勘定]합니다. 또한 공간도 그와 같이 나누어 일본이라든가 중국이라든가 유럽이라든가 말합니다. 그렇게 해서 여러 가지의 '역사적' 사실을 말하지만, 시간 그 자체에 관해서는 관심을 갖지 않고 있습니다. 실제로 인간은 시간도 공간도 초월한 역사를 살고 있습니다. 이것이 살아 있는 역사인 것입니다. 영성적 직각의 세계는 이 초절성(超絶性)의 역사를 만들어 내는 것입니다. 종교는 여기에서 있습니다. 대등국사는 이 속의 낌새[幾微]를 전하려고 하셨던 것입니다.

천황과 국사와의 대면은 지성적 시간 상의 역사입니다. 그러나 무분별의 세계에서는 시간은 분할되지 않는 그대로의 시간입니다. 이치[理屈]가 들어가지 않는 장소이기 때문에, 이른바 역사적 사실이라는 것은 무의미한 것이 되는 것입니다. 이것을 선자(禪者) 또는 불교도의 말로 하면, '우리들 두 사람은 억겁(영원)을 통하여 아직 일찍이 만난 적이 없지만, 그러나 아직 일찍이 헤어진 적이 없습니다.'로 됩니다. 또한 이것을 역으로 말해, '아침[朝]부터 저녁[晚]까지 이렇게 대좌하고 있어도 한 찰라도 만나 뵙지 않은 것' 입니다. 국사는 무분별·무차별의 관점에 서 계시기 때문에, 천황께서도 처음에는 좀처럼 이해하시지 못하셨을 것으로 믿습니다. 이들은 분별성에 지배되고 있는 우리들 일상의 경험으로는 도달 할 수 없는 경지입니다. 그래서 불교자는 지성적 시간의 역사를 만들어 내고 있는 '사실(事實)'이라는 것에 마음을 빼앗기지 않도록 하려고, 비합리(非合理)라고 생각되는 형식으로 그 견처(見處)를 피력(披瀝)합니다. 이 견처는 우리들 일반의 것과는 정반대입니다.

왜 그와 같이 비합리성의 경험 사실을 다루지 않으면 안 되는가 하면, 우리들 일상의 입장에서는 우뇌(憂惱)·공포에 쫓기고만 있기 때문입니다. 그리고 그것은 지성적 분별로 인한 것이기 때문에, 이 분별의 측면을 탈각(脫却)하지 않으면, 마음의 평화를 얻을 수 없습니다. 분별사려를 도려내는 외과적 대 수술이 결코 쉽지는 않습니다. 산은 산이며 산이 아니라든가, 산은 산이 아니기 때문에 산이라든가 라고 말하는 것은, 단지 말로 하는 유희(遊戲)가 아닙니다. 그런 식으로 생각하고 있는 것은, 아직 분별지(分別智)의 계박(繫縛)을 떠나지 않은 증거입니다. 이것을 완전히 이탈하지 않는 한, 우리들은 같은 장소를 무한하게 왕복할 수밖에 없습니다. 분별적 순환은 곧 삼계(三界)유전(流轉)의 근원입니다. 그러므로 어떻게 해서든 한번은 존재의 근저[根源底]로 뛰어내려 친히 거기에 있는 것을 엿보지[覷破] 않는 한, 우리들의 공포·오뇌(懊惱) 등이라는 것은 제거되지 않습니다. 존재의 근원이라고 해도, 언제까지나 거기에 머물러야만 하는 것은 아니고, 거기로 한번 뛰어내리면 다시 곧바로 떠오르지 않으면 안 됩니다. 일부러 떠오르려는 노력을 하는 것이 아니고 가라앉아 밑바닥에 이르면 거기에서 바로 떠오르는 것입니다. 무분(無分)이라는 다른(別) 분별입니다. 언어는 분별성의 소산이기 때문에, 언어로 파악하려고 하는 분별을 떠나라는 것입니다. 염화미소의 경우는 그것을 예증(例証)한 것입니다. 그렇다고 해서, 말을 모두 버리라고 하는 것은 아니고, 말은 말로서 그 역할을 적당히 해야만 하는 경우가 있습니다. 즉 말에 의해서 말의 속박을 벗어나게 됩니다. 분별지를 극복하는 기회를 환기(喚起)하는 것은 분별지 그것에 다름 아닙니다. 다만 이것을 이원적(二元的)으로, 또는 그것으로부터 도망쳐 나오는 것으로 생각해서는 안 됩니다.

5.

업(業)에 관해서 무언가 말씀드리고자 합니다. 인간고(人間苦)라고 말하지만, 이것은 업에 묶여 있는 것입니다. 묶여 있다고 하기보다도, 사실은 업 그것입니다. 일본에서는 업이라고 하면 나쁜 업뿐인 것으로 생각되고 있지만, 업은 원래 행위라는 뜻이기 때문에, 선(善)·악(惡)·무기(無記) 모두 업입니다. 업은 인간에게만 있다고 해도 좋은데, 다른 유정(有情)·비정(非情)에게는 업이 없습니다. 왜냐하면, 그들에게는 선악의 가치에 대한 자각(自覺)이 없기 때문입니다. 그들은 이른바 자연의 법칙에 따라 본능적으로 행동하기 때문에, 인간적인 윤리적 행위를 갖지 않습니다. 인간만이 자각을 가진 동물로, 파스칼(Pascal)의 '사유하는 갈대'입니다. 사유하는 것, 자각적으로 사유하는 것으로부터, 사물을 보는 것, 헤아리는 것, 앞으로 앞으로 생각하며 나아가는 것 등의 움직임이 인간에게 발달해 왔습니다. 여기에서 인간이 자연법이라는 것에만 속박되지 않고, 자신으로부터 움직여 나오게 됩니다. 자신으로부터 움직여 나온다는 것은, 자신의 행위에 도덕적 평가를 가한다는 의미가 됩니다. 그래서 업은 인간에게만 있습니다. 인간은 이 세상에 태어나면 바로 업에 의해 활동합니다.

그래서 인간은 업에 묶여 있다든가, 업에 끌려 다닌다든가 하기보다 인간과 업은 하나라고 하는 편이 적절합니다. 그것만이라면, 인간의 고통은 없지만, 인간은 업 그 자체로, 그렇게 하여 그 사실에 대한 자각을 가지고 있는 곳에 괴로움이 있는 것입니다. 이 괴로움을 가질 수 있고, 느낄 수 있는 것이 인간의 특권입니다. 그리고 이 특권 때문에 인간에게는 자유가 있습니다. 그리고 자유 때문에 인간은 인간고를 받으면서 이것을 초월할 수 있는 것입니다. 그러나 이렇게까지 되기 전에, 투쟁(鬪爭)의 단계가 있고, 따라서 책임이라는 것을 짊어지게 됩니다. 자유·투쟁·책임·고민·초월·해탈이라고 하는 순서로 인간이 인간인 까닭[所以]이 성립하는 것입니다. 어떠한 것도 업박(業縛)의 자각으로부터 발전하는 것이지만, 이것이 실로 인간이 영성적인 소이(所以)입니다. 그 때문에, 인간은 고통받도록 되어 있고, 그 괴로움[苦] 때문에 괴로움을 벗어난다고도 극복한다고도 말 할 수 있기 때문에 괴로움을 피하는 것은 인간답지 않은 것이 됩니다. 괴로워할 수 있다고 하는 것이 인간의 특전이라고 한다면, 충분히 이것을 겪어가야만 한다고 생각합니다. 이것을 할 수 없으면, 인간은 자신의 특권을 버리는 것이 됩니다.

업의 문제에서 또한 앞에서 서술한 무분별의 분별이라고 하는 모순을 새로운 형태로 이해하는 것이 가능합니다. 단순한 논리 상의 문제 - 이것은 어떤 의미에서 개념적이기 때문에 생(生) 그 자체에는 간접적인 것 같은 느낌이 들지만, 업의 문제는 직접 생(生) 그 자체에 연관되기 때문에 쉽지 않은 것입니다. 논리적 지성적 문제라면, 전문적으로 철학 또는 종교학을 연구하는 사람들이 가장 관심을 갖는 것이며, 일반에서는 그렇게까지 중대한 일[喫緊事]이 아니라고도 보이겠지요. 그러나 업의 문제는 실제로 생사의 문제이며, 존재 그 자체의 문제이기 때문에 가볍게 다루어서는 안 됩니다. 업이 인간의 생명 그 자체라고 하면, 업을 벗어난다고 하는 것은 죽는다는 뜻과 다르지 않습니다. 그러나 업에 얽매인 괴로움[業繫苦]에서 해탈이 없으면 영성적 생활은 없습니다. 아무리 괴로워하는 것이 인간의 특권이라고 해도 영원히 계속하여 괴로워한다는 것은 의미가 없습니다. 아무리 죄악이 깊고 무거운 인간이라도 영원히 지옥 불에 태워져야만 하는 것은 아닙니다. 인간의 자각은 단지 그것만의 자각인 것은 아닙니다. 자각의 뒤에 영성적인 것이 있습니다. 이것이 없으면 업에 얽매인 괴로움[業繫苦]이라고 하는 것, 그것이 무의미하게 됩니다. 이것이 모순인 것입니다. 죽어서 살지 않으면 안 된다고 하는 것, 업에 얽매여 있으면서 이것을 떠나는 것, 여기에 인간 운명의 불가사의가 있습니다.

업적인 모순의 문제도 모순인 한, 지성의 경우와 동일한 방식으로 해소되지 않으면 안 됩니다. 즉 무분별의 분별이라고 하는 것을 체득할 때에 해소됩니다. 업의 경우에는 분별을 업으로 바꾸면 좋습니다. 업이 업인 까닭은 업이 아니기 때문입니다. 업은 그대로 무업(無業)이라고, 하는 것으로 되면 좋습니다. 반야(般若)는 반야가 아니다, 그렇기 때문에 반야라고 말합니다. 그와 마찬가지로 업을 업이라고 바로 보면 좋습니다. 즉 업이라고 말하는 것은, 사실은, 업도 아무것도 아닌 것으로 되면 좋습니다. 이것이 해탈입니다. 산을 산이라고 인각(認覺)할 때, 이미 산이 산이 아닌 것을 인각하고 있습니다. 인 것[卽]이 아닌 것[非]이고, 아닌 것이 인 것입니다. 업에 묶여 있다고 할 때에 이미 업을 떠나 있는 것입니다. 이것이 영성적 직각입니다. 불가사의 해탈이라고 불리는 것입니다.

앞에서 말씀드린 것을 지금 조금 다른 형태로 말씀드리면 다음과 같습니다. 인간인 한은 업을 떠날 수 없다는 것은, 인간은 원래 업 그 자체이기 때문입니다. 인간이 있는 곳, 가는 곳에는 업이 반드시 그림자처럼 따라 다닙니다. 그러나 인간이 업을 떠나 업을 넘어서는 것이 가능한 것은 실로 업에 둘러 싸여 있기 때문입니다. 일반적으로 말씀드리면, 우리들은 업에 얽매이기[業繫] 때문에 괴로워합니다만, 이 괴로움은 오히려 인간으로 하여금 인간 자신의 위로 벗어나게[超出]하는 영성적 충동(靈性的 衝動)이 됩니다. 기독교적으로 말하면 스스로를 씻고 정화하여 신에게 다가가려고 하는 자성(自省), 자독(自督)의 길로 나아가는 것이 됩니다. 단순히 원리의 측면에서 말하면, 업계(業繫)의 사실을 의식한다는 것은 일종의 명상(冥想) 또는 관조(觀照)를 벗어나지 않는 것으로 그것이 업계를 초월하는 것이 되지 않는다고 말할 수 있겠지요. 그러나 업고(業苦)의 의식에는 그러한 관조에 머무르지 않고, 그 뒤에 움직이고 있는 것이 있습니다. 이것이 업고의 피안(彼岸)에 있는 것과 동태적(動態的)으로 연관되어 있습니다. 업과 씨름하는 것도 원래는 이것이 뒤를 받치고 있기 때문입니다. 관조도 실은 이 충동의 지성면에 반영된 것으로 보아야만 합니다. 업의식(業意識)의 이면에 이 무자각(無自覺)의 충동 혹은 자극이 없으면, 인간 특유의 고민, 오뇌(懊惱), 우수(憂愁) 등은 있을 수 없습니다. 달리 말하면, 인간고(人間苦)라는 것은 업의식이라는 것입니다. 그리고 이 업의식은 곧 업부정(業否定)에 의해 뒷받침되고 있다고 말할 수 있습니다. 이 업부정이 업긍정의 면에 돌입해 오기 때문에 여기에 인간은 언제나 불안감에 휩싸이는 것입니다. 그러므로 업고(業苦)의 의식은 드디어 업고를 떠나려는[離業苦] 길을 개척한다고 말합니다. 지옥이 필연적으로 정해졌다[地獄必定]는 의식은 그대로 정토왕생(淨土往生)의 약속이 되는 것입니다. 이것이 불교 경험의 생활입니다. 업을 고통스러워하는 것은 업을 넘어서는 것, 업은 곳 비업(非業)입니다.

업계(業繫)의 자각(自覺)과 업을 벗어나려는[離業] 노력은 기원(祈願)이라는 형태로 의식됩니다. 논리적으로 말하면 기원은 또한 절대 모순입니다. 자연의 법칙에 따르지 않고, 이것에 대한 반역이기 때문입니다. 이것은 인간에게만 허락된 것으로 다른 동물들에게는 없고, 또한 신들에게도 없습니다. 인간이 기원하고, 자기를 초월하려 생각하는 일념은 상당히 치열하기는

대지(大智) 59

하지만, 생활의 사실 그것은, 그와 같은 것을 허락하지 않습니다. 인연이 익으면 태어나기도 하고 죽기도 하며, 병이 들기도 합니다. 인위적인 작용으로 자연에 대해서 다소 변화를 일으키려는 것도 가능하지만, 거기에는 한도가 있고, 이 한도를 무조건 제거하는 것은 가능하지 않습니다. 어떠한 영웅도 성인(聖人)도 천재도 생사의 법칙에 대해서는 그 반대되는 사람들과 동일한 운명을 맞게 됩니다. 그러나 인간은 언제나 수동적인 것은 아니며 지는 태양도 되돌아오게 하려고 생각합니다. 그것은 우치(愚痴)입니다. 그것은 정성적(情性的) 맹동(盲動)이라고 말할 수 있습니다. 과연 그 말이 맞습니다. 그렇지만, '그것은 그렇지만, 그렇지만'을 반복하는 것이 인간입니다. 자신의 생사만이라면 눈 앞에 지나가는 구름이나 연기[雲烟過眼]처럼 보아도 좋지만, 자신의 주위에 펼쳐진 나날의 참담한 광경이 보인다거나 들린다면, 어떻게든지 가만히 있지 못하는 것이 인간입니다. 그것은 그들의 자업자득(自業自得)이라 말하며 단념할 수가 없습니다. 그렇다고 해서 자신의 힘으로는 어떤 방법이 없고, 인간의 힘만으로는 손을 쓸 수도 없습니다. 이 때 마음의 밑바닥에서 솟아오르는 것이 기원(祈願)입니다. 누군가를 어딘가에서 찾아내어 그것에 대해서 기원하는 것이 아닙니다. 그것은 대상적, 이원적입니다. 단지 '자연'의 운행을 뒤집어 보려고 하는, 말하자면 일종의 반역심(反逆心)입니다. 이것은 비합리의 극치이며, 그렇다고 단순히 이기적인 희망에서 나온 것도 아닙니다. 기원은 업에 묶여[業繫] 있으면서, 업계(業繫)를 이탈하려고하는, 영성적인 것으로 부터 나온 충동입니다. 여기에서 업은 업이 아니기 때문에 업이다라고 하는 즉비(卽非)의 논리가 성립합니다.

반복하면, 우리들 인간은 언제나 업의 무거운 짐[重荷]을 짊어지고 있으며, 더욱이 그것으로부터 석방되려고 쉬지 않고 기원하고 있습니다. 이 어쩔 수 없는 것이 오히려 인간으로 하여금 업을 초월하게 합니다. 이것은 영성 속의 움직임에 지나지 않습니다. 그러므로 기원은 종교 생애의 진수[神髓]를 구성하는 것입니다. 아무리 기원을 해도 인간 생활에 아무런 영향이 없다고 한다면, 그것뿐이겠지만, 실제로 기원은 인간성을 구성하고 있는 최강의 요소를 이끌어냅니다. 여기에서 인간 생활의 전망이 근원에서 뒤집히는 것입니다. 지금까지의 더러워진 악업이 그대로 깨끗한 것으로 됩니다. 즉 업계(業繫)로부터 이탈하는 것입니다. 이것이 업에 있으면서 업에 구애되지 않는다는 의미가 됩니다. 그러나 이것은 업에 있는 자와 업을 떠난 자가 별개가 된다고 하는 것은 아닙니다. 그것은 또 이원론에 빠지는 것이 됩니다. 업을 떠나서 떠나지 않는 것이기 때문에, 즉비(卽非)의 경지는 결코 인간을 인간 세계 밖으로 추방(放逐)하는 것이 아닙니다. 인간으로서의 모든 고뇌는 사람의 마음에 밤낮으로 다가옵니다. 유마(維摩)가 중생이 아프면 나도 아프다고 한 까닭이 여기에 있습니다.

불자(佛者)는 평소에 '인생은 괴로움이다'라고 말하지만, 이것은 일반 사람들이 이해하는 것처럼 단순히 염세관(厭世觀)이라고 봐서는 안 됩니다. 인생고(人生苦)는 인간 생활의 사실을 바르게 본 것으로, 불교도들도 기독교인들도, 이 사실을 인각(認覺)하여 그것으로부터 출발하는 것입니다. 종교 경험은 괴로움(苦)의 경험이며, 이 경험 때문에 고를 떠나는 것이 가능하게 됩니다. 고를 단지 감성(感性)의 측면에서 보는 것은 영성적인 것이 아닙니다. 감성의 측면만으로는 괴로움으로부터 벗어나는 것은 결코 되지 않습니다. 대자대비(大慈大悲)의 마음이 움직이지 않으면 안 됩니다. 이 마음이 영성입니다.

　업고(業苦)의 계박(繫縛)이 해소된다는 것은, 그로 인해 업을 업으로 바르게 인각(認覺)하면서 동시에 우리들의 존재의 근원 그것은 그것으로 속박되어 있지 않다고 하는 것을 자각하는 것입니다. 즉비(卽非)의 논리라고 하는 것이 여기서 성립하는 것입니다. 이원적 대상적 논리로는, 이것은 어떻게 해도 알 수 없습니다. 후자는 전자에 의해서 뒷받침 될 때, 의미를 가지는 것이지만, 단지 그것뿐으로, 즉 대상성(對象性)을 잃지 않는 한 긍정이 그대로 부정이며, 부정이 그대로 긍정이라고 하는 것은 알 수 없습니다. 그래서 불교도의 성불도(成佛道)의 극비(極祕)는 '반야(般若)는 반야가 아니다, 그러므로 반야다'를 만나는 것에서 시작하는 것이라고 말합니다.

　분별하는 것이 지성이기 때문에 지성이 유행(流行)하는 곳에는 반드시 이원성이 나타납니다. 그리고 이 이원성 때문에 반드시 업계(業繫)의 세계가 거기에 수반되게 되는 것입니다. 그러므로 불교 - 불교뿐만 아니라, 모든 종교는 – 지성을 배척합니다. 그렇지만, 무조건 그렇게 하는 것은 아닙니다. 지성은 자신이 안주할 곳을 자인(自認)하기만 하면, 그것으로 좋은 것입니다. 즉 지성은 스스로 죽어주면 좋은 것입니다.

지성적 분별이 가진 환상의 하나는 '자신은 자유다, 선택의 힘은 자신에게 있다'라고 하는 것입니다. 생명이라고 하는 바느질하지 않은 하늘 옷[天衣無縫]을 자르고 잘라서, 그것을 연구한다고 말하지만, 연구하고 나서 다시 그것을 원래의 모습으로 꿰매어 보려고 해도 가능하지 않는 것입니다. 자르고 잘라서 다시 이어 붙입니다 – 이것이 지성의 특권이다, 지성의 자유이며, 선택력(選擇力)이라고 하지만, 이것처럼 무법(無法)인 것은 없습니다. 지성은 인생 구도(構圖) 가운데에서 어떠한 역할을 하고 있는 가에 대해서, 아무런 정해진 견해[定見]가 없는 사람들은 매우 불행합니다. 지성은 자유가 아니며, 분별 또는 분할(分割)은 자살을 의미합니다. 그 자유성이라고 믿어지는 것은 실은 그 자살을 완수한 뒤의 것입니다. 분별 그것에는 자유가 없습니다. 양자택일[二者擇一]은 자유가 아니며, 이미 두 개인

것에 한정되어 있습니다. 진정한 자유는 무엇에도 구속되지 않는 것을 의미하며, 소위 독립불기(獨立不羈)입니다. 지성은 분석하고 총합(總合)한다고 말합니다만, 어느 것이든 한정성의 대상을 가지고 있기 때문에 절대 자유는 아닙니다. 분석도 총합도 합목적성의 측면에서의 이야기로, 자연히, 능소(能所)라든가 주반(主伴)이라든가 은현(隱顯)이라든가 하는 것이 나옵니다. 필경은 한정된 자유로, 자유 그 자체가 아니고, 절대의 자유는 아닙니다. 영성적 자유에 이르러 비로소 진정한 자유라고 하는 것이 됩니다. 업계(業繋)에서 나오는 일체의 오뇌(懊惱)·우수(憂愁)·불안(不安)은 영성적 자각의 영역에 들어가는 것에 의해서 해소됩니다. 가려고 하면 곧 가고, 머물려고 하면 곧 머무는 것, 이것이 자유입니다. 불가사의 해탈입니다.

그러므로 지성으로는 업계고(業繋苦)로부터 벗어날[離脫] 수 없습니다. 지성이 할 수 있는 한도는 영성(靈性)의 모습을 미미하게 비출 수 있다고 하는 것입니다. 즉 자신이 자유롭다고 환상(幻想)하는데, 그것이 환상이라고 해도, 배후에 진짜[眞物]를 암시하고 있다는 점에, 지성의 역할이 있습니다. 인간은 이 환상에 용기를 얻어서 돌진하고, 그리하여 마침내 영성적 직각의 영역에 이릅니다. 용기를 얻는다고 했지만, 그것은 어떤 의미에서는 기운이 떨어진다(沮喪)고 해도 좋습니다. 어디를 어떻게 구하면 참으로 자유롭게 되는지 알지 못하기 때문에, 인간의 영혼은 괴로워하고 불안에 휩싸입니다. 이 불안이 지성의 위에 나타나 불가사의를 사의(思議)하려고 노력하고, 무분별을 분별하려고 하고, 혼신의 힘을 다하고, 그래서 힘들어 죽는데, 자유의 문은 거기에서 열리는 것입니다.

6.

업(業)과 비업(非業)과의 모순이 그대로 자기동일(自己同一)이라고 하면, 여기에서 문제가 생긴다. 이것은 선악(善惡)을 무시하는 것, 인간적 가치를 기각(棄却)하는 것으로, 결국은 도덕적 무정부관(無政府觀)이다. 인간적 집단생활의 기초를 무너뜨리는 것이다. 불교 그것도 없어지고, 즉비(卽非)의 논리도 어떠한 것도 있지 않은 것으로 되지 않는가. 업이 곧 비업[業卽非業]이며 선악무기(善惡無記)가 하나로 되면, 도덕적으로 책임을

져야 하는 사람도 없어지기 때문에, 방종불기(放縱不羈)하여, 사회도 어떠한 것도 있어서는 안 되는 것이 아닌가. 업은 인과(因果)라는 뜻이며, 인과는 불교 도덕의 기초인데, 그 인과를 없애면[撥無] 어떻게 되는가. 자연계(自然界)는 물리적 인과율로 성립하지만, 그것이 없어진다고 하면, 세간은 암흑[闇]이며, 인간계도 도덕 없이는 생각할 수 없는 것이 아닌가. 즉비의 논리를 지나치게 휘두르면, 불교는 불교가 아니고, 어떤 매듭도 짓지 못하게 된다. 이것을 어찌해야 좋은가라는 문제가 저절로 나온다. 이것은 필경에는 어떤 것이나 지성의 측면에 있는 한 생기는 문제로, 영성적 자유의 입장에서는 아무런 고통이 되지 않는 쓸데없는 갈등[閑葛藤]이지만, 어쨌든, 다음 한 조목[則]의 화두(話頭)를 소개해 드립니다.

당대(唐代) 대선장(大禪匠)의 한 사람이었던 백장회해(百丈懷海)라는 분과 여우[野狐]와의 문답으로 잘 알려져 있습니다. 백장이 설법할 때에 항상 한 사람의 노인이 청문(聽聞)하고 있었는데, 어느 날 설법이 끝나고 나서 백장의 앞에 나와서 이렇게 말했다.

'저는 과거 가섭불(迦葉佛) 시절에 일찍이 이 산에 살고 있던 자인데, 어느 날 학인(學人)에게 "대수행자(大修行底)의 사라도 인과에 떨어지는가, 떨어지지 않는가"라고 물어, 저는 "인과에 떨어지지 않는다(不落因果)"고 대답했습니다. 그래서 오백생 동안 여우 몸을 받게 되었습니다. 부디 화상(和尙)께서 일전어(一轉語)[3]를 내리시어 이 몸을 벗어나게 해주십시오.'
라고 하며, 그는 또 다시 물었다.

'대수행자라도 인과에 떨어집니까, 또는 떨어지지 않습니까.'

백장이 바로 대답하여 말하기를,

'불매인과(不昧因果).'

이것은 인과에 어둡지 않다고 읽습니다만, 노인은 이것을 듣고 언하(言下)에 크게 깨쳤다(大悟)고 합니다. 다음 날 백장은 산 뒤에서 여우가 죽어 있는 것을 정중하게 묻어줬습니다.

이 문답의 의미는 다음과 같습니다. 대수행자, 즉, 깨달은 사람은 인과의 운행(運行)에 수순(隨順)하여 그 몸을 맡깁니다. 인과를 자기 밖에서 보지 않고 자기와

---

3. 선사(禪師)가 학인(學人)의 미망을 타파해서, 그의 수도에 큰 비약을 촉구하는 말.

인과를 하나로 합니다. 인과에 어둡지 않다는 것은 이러한 뜻입니다. 여우인 노인의 경우에는, 인과를 밖에 두고, 그 가운데에 자신이 들어갈까 들어가지 않을까 하는 것에 신경을 쓰고 있습니다. 자신과 인과가 서로 떨어져 있으므로, 그 사이에 낙(落), 불락(不落)의 문제가 생깁니다. 인간은 도덕적 행위의 주체이지만, 그것과 동시에 인과의 법칙 그 자체입니다. 행위 밖에 인과가 있어, 그것이 행위에 관여하는 것이 아닙니다. 그러므로 인간으로서 생활하고 있는 한, 업은 인간에 따라 다니는 것입니다. 수행의 유무(有無), 오도(悟道)의 경지 등에 의해서, 인과가 밖으로 떨어져 나가야만 하는 성질의 것이 아닙니다. 인과는 원래 불락(不落)도 불매(不昧)도 아닙니다. 인과는 지성적 측면의 현상[事象]이며, 영성적 자각(自覺)의 견지에서는 인과는 없는 것이기 때문에, 노인의 야호선(野狐禪)과 같이 이원적 관찰을 해서는 안 됩니다.

인간을 기하학에서 말하는 점(点)에 비유할 수 있다. 이 점에 세 줄기의 선(線)이 집중 혹은 거기에 교차하고 있다고 봐도 좋다. 이 세 줄기의 선이란 하나는 물리적·자연적이라 하고, 다른 하나는 지성적·도덕적이라고 하고, 마지막 하나를 영성적이라고 해 둡니다. 인간은 이들 세 개의 선이 집중하는 하나의 점에 있는데, 그는 이 사실을 잘 의식하고 있고 이 의식에 강약(强弱)의 차이는 있다. 일반적인 사람은 첫 번째와 두 번째 선에 대해서 강한 자각을 가지고 있지만, 세 번째 선에 대한 것은 애매모호(曖昧模糊)하다고 해도 좋다. 그러나 전혀 이것을 무시하여 있지 않다[非有]고는 할 수 없습니다. 그 결과로서 인간은 그 생활 전부를 제 일선(第 一線) 또는 제 이선(第 二線) 또는 양쪽에만 맡겨둘 수는 없습니다. 영성선(靈性線)의 현전(現前)은 이것을 어떻게 할 수 있는 것이 아닙니다. 그래서 인간은 대개는 언제나 도중에 방황하게 됩니다. 그리고 이것이 어떤 고뇌의 근원이 됩니다. 그렇다면 전부를 들어 영성 쪽으로 옮기면 좋지 않은가라고 말하시겠지만, 무시겁래(無始劫來)의 무명(無明), 즉 지성적 분별에 뿌리박고 있는 인간 존재는, 좀처럼 그렇게 잘 되지가 않습니다. 그렇지만 영성에서 지성에 가해오는 압박은 끊임없습니다. 이것은 억제하기 어려운 힘으로, 지성은 자신만으로는 아무것도 할 수 없다고 인정하게 되어도, 좀처럼 자기 전부를 내려놓을[放下] 수가 없습니다. 영성선(靈性線)으로 뛰어드는 것은 목숨을 거는 행위입니다만, 이것을 하지 않는 한 고뇌는 뽑히지 않는 것입니다. 그리고 이것은 뛰어드는 것이지, 한 걸음 한 걸음 연속적으로 나아가는 것이 아닙니다. 백척간두(百尺竿頭) 진일보(進一步)라고 말하지만, 시간적으로도 공간적으로도 문자 그대로 초월(超越)입니다. 비연속의 연속이라고 해도 좋습니다.

제 이선(第二線)의 지성적·도덕적인 것은 제 일선(第一線)의 물리적·자연적인 것으로 돌아 갈 수 없습니다. 그것은 왜냐하면, 제 이선(第二線)의 특징은 제 일선(第一線)에서 이탈한 곳에 있으므로, 그렇게 해서 일단 이탈한 것은 영원한 절연(絶緣)입니다. 인간은 동물로 돌아갈 수 없습니다. 그렇지만, 제 삼선(第三線)인 영성적인 것으로 부터는 제 일선(第一線)으로 옮기는 것은 가능합니다. 경우에 따라서는 제 삼선은 그대로 제 일선이 된 것처럼 보이기까지 합니다. 제 삼선의 특이성은 절대적 수동성, 혹은 절대적 빙의(憑依)입니다. 이 점에서 제 삼선과 제 일선이 원융(圓融)한 것입니다. 바람이 불면 나무는 쓰러집니다. 바람은 쓰러

뜨리는 힘을 자랑하지 않고, 나무도 쓰려졌다고 해서 바람을 원망하지 않습니다. 바람이 분다. 나무는 쓰러진다. 그 뿐입니다. 무심(無心)이고 무념(無念)입니다. '뜻대로 되게 하소서'입니다. 제 일선과 제 삼선은 이런 점에서 상응(相應)하는 것이 있습니다. 그러나 이것은 피상적으로 보고 하는 말이고, 세 번째 선에는 제 일선(第 一線)로도 제 이선(第 二線)으로도 알아차릴 수 없는 것이 있습니다. 이것이 인간으로 하여금 '만물의 영장'이게끔 하는 바의 것입니다. 그것이 무엇인가 하면 즉비의 논리를 가장 생생한 방법으로 그 몸 위에 활약(活躍)하게 하는 것입니다.

영성적 자각의 사람은 그 때문에, '신려(神慮)'[4]와 어울리는 사람입니다. 신려란 불교적으로 말하면, 인과입니다. 자각한 사람에게는 불락(不落)도 불매(不昧)도 없습니다. 그는 '오늘도 임운등등(任運騰騰), 내일도 등등임운(騰騰任運)'입니다. '올연(兀然)히 아무 일 없이[無事] 앉으면, 봄이 오고 풀은 저절로 푸르다'[5]입니다. 이것은 자기 안에 자기가 아닌 것, 자기보다도 크고

---

4. 신(神)의 마음.
5. 兀然無事坐春來草自淸.

심원한 것을 발견했다고 하는 자각에서 오는 안심(安心)이며, 무외심(無畏心)입니다. 한편으로는 절대적 수동성이지만, 다른 한편으로는 절대자유를 향유(享有)한다고 말할 수 있습니다. 자기 이상의 것이 자신을 통해서 움직인다고 하면, 자신은 무(無)의 상태, 기하학적 점이지만, 자신이 주인공이라고 하는 점으로부터 하면, 절대의 모순이 즉비적(卽非的)으로 자기 동일성을 살아가는 것으로 됩니다.

7.

불낙인과(不落因果)와 불매인과(不昧因果)와의 관계를 지금 조금 실제적으로 논하여 보겠습니다. 불교에서는 인과가 익으면 인간의 이해득실(利害得失)에 관계없이 사태가 발생하다고 말합니다. 태양은 착한 사람[善人] 위에서도, 나쁜 사람[惡人] 위에서도 빛나고, 비[雨]는 정직(正直)과 부정직(不正直)의 차별을 하지 않습니다. 자연의 인과는 인간적 가치관에 갇힐 수 없는 것입니다. 지성은 사태의 추이를 보고 법칙을 만들어 내어 이론화하고, 합리화합니다. 인간정신상(人間精神上)

의 문제는 지성의 합리화에 관여하지 않습니다. 선악시비(善惡是非)의 문제, 행(幸)불행(不幸)의 문제, 미오(迷悟)의 문제 등은, 지성이 소위 합리적으로 구성한 물리적·자연적 인과와 몰교섭(沒交涉)한 것입니다. 이 점은, 영성적 직각(直覺)의 세계가 아무리 심원하다고 해도, 지성의 논리를 뒤엎을 수는 없습니다. 영성적 직각이 지성적 대상적 논리의 밖에 있는 것이라고 하면, 그것은 이원론(二元論)입니다. 영성에는 영성으로서의 영역이 있고, 그것이 지성의 분야를 침범하는 것은 아닙니다. 전자는 후자 가운데에 움직이는 것이라고 해도 좋습니다. 그러므로 이 움직임을 인각(認覺)하는 것이 지성을 초월한다는 의미인 것입니다. 이 양자가 교차하는 원융무애(圓融無碍)함을, 무분별(無分別)의 분별(分別), 분별의 무분별이라고 합니다. 업도 또한 이 의미에서 즉비(卽非)의 논리를 살리는 것입니다. 즉 영성적 입장 위에서는, 업도 인과도 그대로, 업으로서 인과로서의 계박력(繫縛力)을 가지지 않는 것이 됩니다. 불락(不落)도 불매(不昧)도 없는 것입니다. 인과가 오면, 인과를 맞아들여 마음이 침착하고 편안[心緒晏然]합니다. 죽을 때에 죽고, 태어날 때 태어납니다. 태어나서 기쁘지 않고, 죽어서 슬프지 않고, 침착하고 편안(晏然)하게 있습니다. 이 사람은 철학자도 아니고, 과학자도 아닙니다. 그러므로 어떤 이치[理屈]도 말하지 않고, 그대로 무엇이든지 받아들이고 있습니다. 이것이 무분별의 분별, 분별의 무분별이라고 하는 즉비(卽非)의 논리를 생활 그 가운데에서 인각(認覺)한 사람의 경지입니다.

그러므로 불교를 요해(了解)하려고 하면, 아무리 반복해도 좋습니다만, 무분별의 분별이라고 하는 '불가사의(不可思議)'에 한번 철저하지 않으면 안 됩니다. 이 불가사의는 영성적 직각(直覺)의 영역에 속하는 것이기 때문에, 지성적 분별에 갇혀있는 한은, 영겁(永劫)을 지나도 그 소식을 접하지 못하는 것입니다. 그러나 여기에서 주의하지 않으면 안 되는 것은, 영성 위에서의 불가사의는 지성(知性)의 위에 나타나면 증오(證悟)라는 형태가 된다는 것입니다. 증오 또는 정각(正覺)은 곧 영성적 직각이지만, 어휘로서는 지성적입니다. 그것은 왜냐하면, 분별도 인과도 업도 모두 지성적 측면에서만 의미를 가지는 것이기 때문에 여기에 대해서는, 자연히 지성적 냄새가 나는 문자를 쓸 수밖에 없습니다. 그 실제는 영성적 불가사의의 작용입니다. 그리고 이 불가사의는 인간의 일상생활의 경험 가운데에 구석구석까지 들어 갈 수 있습니다. 지성계(知性界)도 감성계(感性界)도 완전히 영성계로 인해 그 가치를 가지게 되고, 이러한 면에 있는 인간 생활도 의의(意義)를 갖추게 됩니다. 제 일선도 제 이선도 제 삼선도, 혼연(渾然)한 한 점[一点]이 되는 것에 의해서, 제 일(一)로도 제 이(二)로도 제 삼(三)으로도 되는 것입니다. 여러 가지 분별을 하지 않으면 이야기가 되지 않기 때문에 하는 것이지만, 거기에 갇혀서는 안 되는 것입니다. 어느 것도 동시돈기(同時頓起), 원융무애(圓融無碍)입니다. 종을 치면 울리고, 울리면 듣고, 그리고 그것이 종의 소리라고 말합니다. 깨닫지 않은 이에게도, 깨달은 이에게도 마찬가지로 들리고, 마찬가지로 그것을 인식합니다. 그렇지만, 깨달은 이에게는 거기에 영성적 자각이라는 것이 있습니다. 이것은 일반의 지성적 또는 감성적인 것과 다릅니다. 심리학자 또는 일반 철학자들이 말하는 통각(統覺)이라는 것과도 다릅니다. 굳이 말하자면, 형이상학적 또는 우주적 또는 신성적(神性的) 자각입니다. 그러나 지자(智者)는 언제나 이것을 분별식(分別識) 위에서 자각하고 있는 것은 아닙니다. 자각 없는 자각, 무분별의 분별이기 때문에, 시간적으로 한정되어진 것이 아닙니다.

 이것으로 대개 여우[野狐]인 노인이 어떠한 점에서 과오를 범하고 있었던가 하는 것을 알 수 있다고 생각합니다. 그것은 영성적 직각의 세계와 지성적 논리의 세계는 별개의 것이면서 별개가 아닌 것임을, 그는 깨닫지 못했기 때문입니다. 그는 인과의 세계를 자신으로부터 격리된 곳에 두고, 거기에서 떨어진다거나 떨어지지 않는다거나 하는 것으로 생각하고 있었던 것입니다. 백장(百丈)은 이것을 지적하여 불매인과(不昧因果)라고 했습니다. 대수행자(大修行底)의 시, 즉 증오한 사람은 사실 불낙(不落)도 불매(不昧)도 없습니다.

 불매인과의 이야기도 또한 반야즉비(般若卽非)의 논리를 예증(例證)하는 것으로 보아도 좋습니다. 『반야경(般若經)』에서는 도처에 'A는 A가 아니기 때문에 A이다'라는 논리가 설해지고 있습니다. '세계는 세계가 아니기 때문에 세계이다'라든가, '일체법(一切法)은 일체법이 아니기 때문에 일체법이다'라든가, '불토(佛土)

장엄(莊嚴)은 장엄이 아니기 때문에 장엄이다'라고 하는 형태로 곳곳에 나옵니다. 이것을 보통의 말로 하면, 흰 것은 흰 것이 아니고(검고) 그렇기 때문에 희다. 또는 모란은 모란이 아니기 때문에 모란이다. 산은 산이며 또한 물이다. 물은 흐르지 않고 다리가 흐른다. 맨손으로 창(槍)을 사용한다. 안장[鞍] 아래에 말이 없고, 안장 위에 사람이 없다 - 이와 같은 모순된 글로 바뀌어 집니다. 불교도는 이것을 존재의 근본의(根本義)라고 합니다. 그래서 지성의 견지에서 하면, 인과(因果)는 역연(歷然)하여, 낙(落)도 불낙(不落)도 없습니다만, 인간의 마음 어딘가에 떨어지지 않고 싶다고 하는 느낌이 있습니다. 그래서 불도(佛道)라도 수행하여 깨달음[證悟]의 경지에 도달하면, 불양생(不養生)해도 병이 들지 않고, 선하지 않은[不善] 행위를 해도 불행한 일을 당하지 않을 것이라는 등 멋대로 생각하는 것입니다. 영성의 면을, 지성의 면 및 물리적·자연적인 면으로 밀어내어, 인과를 역행하려고 하거나 또는 제거[撥無]하려고 합니다. 여기에 대해서 불매인과는 '인과는 인과가 아니기 때문에 인과다'라고 말합니다. 인과에 떨어지지 않을 때 이미 떨어져 있는 것입니다. 인과에 떨어진다고 하는 것은 도리어 떨어지지 않는 것입니다. 더 나아가서, 불낙(不落)이 불매(不昧)이며, 불매는 불낙이라고 하는 것으로 됩니다.

인연이 익으면 태어나고, 태어나면 병에 걸리기도 하고, 다치기도 하고, 기쁜 일도 있으며 슬프거나, 아픈 일도 있습니다. 그리고 나이가 들어 죽어 버립니다. 이것이 사람의 일생이며, 인간의 업입니다. 이것은 피할 수 없는 것입니다. 인간은 누구나 이 엄연(儼然)한 인과의 사실에 대해서 충분한 인각(認覺)을 가지고 있습니다. 그렇지만, 그래도 어떻게든 이것을 탈각(脫却)하려고 바라는 마음이 있고, 영혼불멸이라든가 영원한 삶이라든가 하는 것을 바라는 것입니다. 이것이 어떠한 의미이든지 간에, 또는 명암(明暗) 강약(强弱)의 정도가 있다고 해도, 그와 같은 기원[祈念]이 있습니다. 이것은 이미 인과에 떨어져 있는 것으로, 그것으로부터는 결코 불낙(不落)하지는 않습니다. 떨어져서 떨어지지 않는 것으로 되기 위해서는, 돌고 있는 인과의 작은 수레 그것이 되는 것입니다. 이것이 불매인과입니다. 인과 그것이 되면 인과는 없습니다. 낙(落)불락(不落)도, 매(昧)불매(不昧)도 문제가 되지 않습니다.

대지(大智)

당대(唐代)는 선(禪)이 발흥(勃興)한 시대입니다. 선(禪)은 한민족(漢民族)의 정신적 정화(精華)입니다. 동산양개(洞山良价)라고 하는 분도 그 시대에 가장 우수한 선장(禪匠)의 한분이었습니다. 어느 날 한 승려가 와서 물었습니다.

'추위나 더위가 닥치면, 어떻게 피해야 합니까?

[寒暑到來如何迴避]'

이것은 단지 덥고 춥고 하는 문제가 아닙니다. 인과에 대한 불락(不落)·불매(不昧)의 문답과 같은 것입니다. 피한다는 것은 불락(不落)의 뜻입니다. 업계(業繫)의 몸이 어떻게 해서 업계를 이탈하는가라는 것이 한 승려가 동산(洞山)에게 한 질문입니다. 동산은 이것에 답하여 말합니다.

'왜 추위와 더위가 없는 곳[無寒暑處]으로 가지 않는가.'

인과 상관(相關)의 세계만 보고 있으면, 인과 초월의 경지로 향해 갈 수 없습니다. 승려가 다시 다음과 같이 여쭈었습니다.

'어디가 추위와 더위가 없는 곳입니까.'

'추울 때는 수행자[闍梨]를 추위가 죽이고, 더울 때에

는 수행자를 더위가 죽인다.'

인과에 떨어지는 것이 인과에 떨어지지 않는 것이라고 합니다. 춥고 더움[寒暑]은 인과입니다. 추울 때[寒時]에는 춥고 더울 때[熱時]에는 더운 것이 인과이다. 추위[寒]는 철저하게 춥고, 더위[熱]는 철저하게 덥고, 이 대항(對抗)과 모순은 지성의 측면에서 그러한 것입니다. 이것이 곧 무한서(無寒暑)라고 하는 것은, 지성의 측면을 떠나서, 영성의 측면, 즉 즉비(卽非)의 논리가 성립하는 측면으로 나와서 하는 이야기입니다. 무한서(無寒暑)의 한서, 한서의 무한서(無寒暑)입니다.

파스칼이 말하는 것과 같이 인간은 나약한 존재이며, 그를 타도(打倒)하는 것은 아무 일도 아니다. 한 방울의 독약이라도 있으면 충분하다. 아무리 정신적으로 숭고한 사람이라도 극악무도한 악인이라도 어쩔 수 없이 죽는다. 그렇지만, 인간을 받아들이고 있는 우주도, 인간을 죽이는 독약도, 이것에 관해서는 전혀 무관심하다. 단지 인간만이 이것을 자각(自覺), 자지(自知)할 뿐이다. 유의(有意)와 무의(無意)를 구별하여 알고 있는 것은 인간뿐이다. '인간이 인간인 위엄(威嚴)은 사상(思想)이다'라고 파스칼은 말하지만, 이 사상이라

대지(大智) 81

는 것은 의식(意識) 또는 자각(自覺)이다. 그리고 그것은 단순히 지성적 자각이 아니고 영성적 자각이 아니면 안 됩니다. 파스칼이 과연 이와 같이 생각하고 있었는가 어땠는가는 알 수 없지만, 파스칼의 '사상'을 우리들의 어휘로는 영성적 자각에 상당하는 것으로 해 둡니다. 인간 생존의 의의(意義)는 여기에 있습니다.

지성적 자각과 영성적 자각의 차이는, 전술한 바와 같이, 전자는 대상적(對象的)·분별적(分別的)·능소적(能所的)이지만, 후자는 즉비(卽非)의 논리 위에 섭니다. 같은 종(鐘)소리를 듣고 이것을 종소리라고 의식할 때, 지성적으로나 감성적으로는, 대상적 세계관 이상을 벗어나지 않지만, 영성적인 면에 그것이 비춰지면 우주가 곧 하나의 종소리가 되는 것입니다. '추울 때는 수행자[闍梨]를 추위가 죽이고, 더울 때에는 수행자를 더위가 죽인다'는 것입니다. 비는 누구의 위에도 내립니다. 재화[禍]나, 슬픔[悲]은, 누구에게나 엄습해 옵니다. 달인(達人)은 불매인과로, 그것에 철저합니다. 그렇지만 그 철저한 사실을 영성적으로 자각할 수 있습니다. 이것이 불매인과의 불낙인과입니다. 그는 우주를 통해서 나타나는 신의(神意)의 인각자(認覺者)가 된 것입니다.

파스칼이 인간을 사유하는 갈대라고 말하지만, 이 사유 또는 사상을 관조(觀照)의 의미로 해석해서는 안 됩니다. 관조라든가 선관(禪觀)이라든가, 정려(靜慮)라고 하는 것도 크게는 다르지 않습니다. 그리고 이것이 또 인간만이 할 수 있는 것이라고 생각하지만, 영성적 자각에는 이 이상의 것이 있습니다. 정관(靜觀)이라든가 명상이라고 하면, 여기에는 이원성(二元性)의 것이 있습니다. 관(觀)하는 것과 관해 지는 것이라고 하는 것 같이 능소(能所)가 있고 주객(主客)이 있습니다. 영성적으로 자각하는 것은, 자각 없는 자각이기 때문에, 완전히 절대성을 가진 것입니다. 천차만별(千差萬別)의 분별계에서는 인연이라든가 인과라든가 업(業)이라든가 가치라든가 하는 것이 있고, 모두가 대상적(對象的)입니다. 지성으로서의 인간은 이것을 무시할 수는 없습니다. 즉 그 가운데로 '떨어질[落]' 수밖에 없습니다. 그러나 다만 영성적 자각이라고 하는 하나의 작은 것[一些子]이 있기 때문에 인간은 '추위와 더위가 없는[無

寒暑]' 지대(地帶)에 살 수 있고, '불매인과'를 체인(體認)할 수가 있습니다. 우주 그것은 무의미(無意味)하고 무가치(無價値)하여 세 푼짜리 엽전[三文錢]의 가치도 없지만, 인간의 영성적 자각에 의해 무가(無價)의 가치를 얻습니다. 이것은 감성적·지성적 세계를 공무(空無)로 하는 것이 아닙니다. 주의하지 않으면 안 됩니다.

인간이 우주보다 크다고 하는 것은 이 때문입니다. 시간적 공간적 측면에서 보면, 인간은 매우 나약한 존재입니다. 그렇지만, 영성의 측면에서는, 인간에게는, 따라서 우주에게는, 헤아려 알 수 없는 존엄이 있습니다. 적나라하게 된 인간, 사회적 지위도 세력도 아무 것도 없는 인간, 이 인간이 가질 수 있는 영성적 자각 때문에, '천상천하유아독존(天上天下唯我獨尊)'이라고 절규하신 것입니다. 그러므로 이 일대(一大) 긍정에 도달하는 길은, 모든 인간의 고뇌 – 지성적으로 도덕적으로 많은 고뇌를 경과(經過)하는 것에 의해서 비로소 도달될 수 있는 것입니다. 필경 어떠한가, 왈(曰),

'추울 때는 수행자를 추위가 죽이고, 더울 때는 수행자를 더위가 죽인다.[寒時寒殺闍黎, 熱時熱殺闍黎]'

대비(大悲)

1.

불교라고 하는 대 건축물을 떠받치고 있는 두 개의 큰 지주(支柱)가 있습니다. 하나를 반야(般若) 또는 대지(大智)라고 하고, 다른 하나를 대비(大悲) 또는 대자(大慈)라고 합니다. 지(智)는 비(悲)로부터 나오고, 비(悲)는 지(智)로부터 나옵니다. 원래는 일물(一物)이었지만, 분별지(分別智) 위에서 이야기 할 때, 두 개의 것인 것처럼 나눠집니다. 지즉비(智卽悲), 비즉지(悲卽智)의 체(體)는 단순한 기하학적인 점도 아니고, 또한 수학 상의 1도 아닙니다. 이것을 인격성(人格性)이라고 해도 좋다고 생각합니다. 대지대비(大智大悲)는 살아있는 것입니다. 특히 대비(大悲)라고 할 때에는 살아있는 인격을 생각하지 않으면 안 됩니다. 그러나 이것은 분별지(分別智)에서 말하는 인격이 아닌 것은 말할 것도 없습니다. 영성적 자각의 위에 나타나는 것이기 때문에, 이것을 신격(神格)으로 보아도 좋습니다. 어쨌든 오해가 생기기 쉽기 때문에 주의가 필요합니다. 즉비의 논리를 살고 있는 자, 이것을 절대의 일자(一者)로서 해둡니다. 이 일자 위에 무분별의 분별, 분별의 무분별이 있는 것입니다. 이것을 '불가사의체(不可思議體)'(또는 不可思議身)라고 합니다. 이 몸이 불가사의이기 때문에, 지성적 분별의 세계에 여러 가지 형태로 스스로를 현현(顯現)합니다.

이 불가사의신(不可思議身)이 불교라고 하는 전당(殿堂) 안에 의거(依據)하고 있는 것입니다. 일면은 지(智)이지만, 다른 면은 비(悲)입니다. 그러므로 이 지(智)와 비(悲)가 한 덩어리[一丸]가 되어 있기 때문에, 보는 자의 눈에 혹은 지(智)만 비치기도 하고, 또는 비(悲)만 비치기도 합니다. 그러나 그 때문에 불가사의신이 두 개의 몸[雙身]이라고 생각해서는 안 됩니다. 지(智)와 비(悲)가 기계적으로 융합한 것이라면, 그럴 수도 있겠습니다만, 이것은 원래부터 융합체(融合體)가 아닙니다. 그렇게 보는 것은 보는 사람의 분별지(分別智)에 의한 것입니다.

이 의미를 충분하게 이해할 때 비로소 불교를 아는 것이지만, 그러기 위해서는 화엄철학(華嚴哲學)을 알 필요가 있습니다. 『화엄경(華嚴經)』에 담겨진 사상은, 실은 동양-인도·중국·일본에서 발전하고 온존(溫存)시켜 온 것 가운데 최고봉[最高頂]입니다. 반야의 공사상(空思想)이 여기까지 발전했다는 것은 실은 놀랄만한 역사적 사실입니다. 만약 일본이 세계 종교 사상에 공헌(貢獻)해야만 하는 어떤 것을 가지고 있다면, 그것은 다름 아닌 화엄의 교설입니다. 지금까지 일본인은 이것을 일개의 사상으로 인각(認覺)하고 있었지만, 금후(今後)에는 이것을 집단적 생활의 실제면, 즉 정치·경제·사회의 각 방면에 구현시키지 않으면 안 됩니다.

화엄사상을 요해하려면 몇 가지의 기초 용어라고 해야 하는 것을 알지 않으면 안 됩니다. 먼저 두 개를 언급하면, 하나는 사(事)이고, 다른 하나는 리(理)입니다. 사(事)는 '개(個)'·'특수'·'구체(具體)'·'원자(原子, monad)' 등의 뜻입니다. 리(理)는 이것에 반대인 것을 의미합니다. 즉 '전(全)'·'일반'·'추상(抽象)'·'원리(原理)' 등의 뜻입니다. 앞의 불교어로 말하면, 사(事)는 분별·차별이라는 것, 리(理)는 무분별·평등 등입니다. 반야경전에서는 주로 색(色, rūpa)과 공(空, śūnyatā)이라고 말합니다. 색(色)은 사(事)에, 리(理)는 공(空)에 상응합니다. 또 이것을 서양철학의 용어로 표현하면, 사(事)는 형체(形體, form)로 리(理)는 질료(質料, matter)가 되겠지요. 기독교의 언어로 하면, 약간의 보류 조건을 붙여서, 공(空)을 신(神, God)으로 하고, 사(事)를 개기(個己, ego)로 봐도 좋다고 생각합니다. 그리고 인도 철학에서는 사(事) 또는 색(色)을 특수(特殊)라고 하고 이(理) 또는 공(空)을 일반(一般)이라 합니다.

리(理) 즉 공(空)이란 무엇을 의미하는가. 공의 범어(梵語)는 순야타(śūnyatā)로 '공무(空無)'의 의미입니다. 즉 원래 글자의 뜻[字義]은 유(有)에 대한 무(無), 실(實)에 대한 허(虛)입니다. 보통은 지금도 이와 같이 상대적으로 생각되고 있습니다. 이것이 지나친 오해를 초래하기 쉽습니다. 공(空)이 무(無)라고 하는 것은 문자

상의 것입니다. 이 무(無)는 유(有)에 대한 것 같은 분별성의 무(無)가 아니라 절대무(絶對無)입니다. 이것이 공(空)입니다. 그러므로 불교의 공(空)은 '색즉시공(色卽是空)'으로, 언제나 색(色)의 위에서, 사(事) 위에서 말하는 공이며, 색이 없고 사(事)가 없으면 공(空)도 리(理)도 또한 없는 것이 됩니다. 그렇지만, 공(空)이라는 것은 비색(非色)·비아(非我)·비개기(非個己)임과 동시에, 그것에 대립해 있는 것이 아닙니다. 비색(非色)이 색(色), 비아(非我)가 아(我), 비개기(非個己)가 개기(個己)라는 의미에서의 공(空)입니다. '색즉시공(色卽是空)·공즉시색(空卽是色)'이라고 하는 공(空)인 것입니다. 다시 말하면, '사즉시리(事卽是理)·이즉시사(理卽是事)'이지만, 화엄에서는 이것을 '이사무애(理事無礙)'라고 하는 말로 표현합니다. 공은 절대공(絶對空)이고, 대상적(對象的)·대항적(對抗的)인 것이 아니고, 필경정(畢竟淨)으로 상대적으로 말하는 정(淨)이 아닙니다. 그러므로 색(色)과 함께 있고, 색 가운데에 있고, 그리고 색 그 자체인 것입니다. 이것을 무애(無礙)라고 합니다. 흔히 이것을 거울에 비유하는데, 거울 표면이 비고[空] 깨끗[淨]하여 무일물(無一物)이 아니면, 그 위에 삼라만상(森

羅萬象)을 비출 수가 없습니다. 또한 공(空)은 구슬과 같다고도 합니다. 구슬이 무색(無色)이기 때문에 검은 색[黑]이 비치면 검게 되고, 붉은 색이 비치면 붉게 됩니다. 그러나 이것은 비유에 지나지 않습니다. 공이라고 하는 것이 별도로 존재하는 것은 아닙니다.

한민족(漢民族) 사이에는, 공(空)이라는 말에 이와 같은 의미는 본래 없었습니다. 그들의 철학에는 유무(有無)의 무(無)를 충분히 떠난 것은 아직 없었던 것 같습니다. 공이라고 해도, 무라고 해도, 그것에는 이와 같은 사상·역사가 따라다니기 쉽기 때문에, 중국의 불교학자는 공을 리(理)로 고쳤다고 생각합니다. 한민족의 머리로 구축하고 체계화한 화엄철학에서는, 그렇기 때문에, 공색무애(空色無礙)라고 하지 않고 이사무애(理事無礙)라고 합니다. 리(理)는 정리(正理)·조리(條理)·의리(義理)·이수(理數)·천리(天理)·성리(性理) 등과 같이 계속해서 사용되었기 때문에, 사사물물(事事物物) 가운데에 유행하고, 또한 그것을 감싸는 것이라는 뜻으로 이해되는 것입니다. 인도적(印度的)으로, 절대 부정적으로, 처음부터 공(空)이라고 하는 것과 달리, 리(理)라고 하면, 진정한 의미의 절대공(絶對空) 또는 절대무(絶對無)에, 보다 가까운 의미를 포함하게 되는 것입니다.

색(色)은 본래 안식(眼識)의 대상계(對象界)이기 때문에, 이것으로 개별의 세계를 다 포함하는 것은 아니지만, 색(色)・성(聲)・향(香)・미(味)・촉(觸)・법(法) 전부를 이것으로 대표시킨 것입니다. 그리고 색(色)은 형태[形]의 뜻을 가지며, 무엇이든지 형태가 있는 것은 한정되어 있고, 분별의 대상입니다. 인연이 무르익으면 형태가 생기지만, 그것이 흩어져버리면 괴멸(壞滅)합니다. 색(色)은 무상(無常)하며 의속성(依屬性)을 가지고 있어, 그런 한에서 환영(幻影)이라고 말할 수 있고 실질(實質)이 없다는 뜻입니다.

색이 어째서 사(事)로 바뀌어져서, 공색(空色)이라고 하지 않고 이사(理事)가 되었는가하면, 사(事)의 범어는 바스투(vastu)이며, 이것에는 색(色)보다도 철학적으로 분명한 의미가 있습니다. 색과 공은 모두 공간적 함축을 가지지만, 리와 사는 개념적입니다. vastu의 vas는 본래 '주(住)'의 뜻이며, 영어의 substance[6]에 해당합니다. 또는 리얼리티(reality)라고 해도 좋습니다. 그러

---

6. 실체(實體).

므로 사(事)는 한문자(漢文字)의 원래의 뜻이 아닙니다. 즉 사물이라든가 사건이라고 할 때의 '사(事)'의 뜻이 아닙니다. 한문의 번역자가 범어의 바스투(vastu)를 고심하여 사(事)라고 했던 것을 받아들인 것입니다. 사(事)는 개물적(個物的) 실질성(實質性)의 존재라는 것입니다. 그러나 지금부터 생각해 보면, 사(事)를 '사건(事件)'의 뜻으로 보는 것도 재미있다고 생각합니다. 사(事)는 하나의 이벤트(event)입니다.

리(理)와 사(事) – 이것을 신(神)과 인간(人), 또는 불타와 중생으로 하여 보면, 양자는 서로 양립할 수 없다고 생각하는 것이 종교학자 일반의 견해입니다. 그러나 화엄에서는 이것을 원융무애(圓融無礙)하다고 합니다. 리(理)를 사(事)의 가운데에서 본다든가, 사(事)를 리(理)의 가운데에서 본다든가 하는 것이 아니고, 리즉사(理卽事), 사즉리(事卽理)라고 말합니다. 또한 이것을 상호간에 용융(鎔融)한다고 말합니다. 하나하나의 사 가운데에 리가 부분적으로 편재[分徧]하는 것이 아니고 완전히 편재[全徧]한다고 합니다. 그래서 사(事)의 쪽에서 말하면, 사(事)는 한정된 것, 리(理)는 한정이 없는 것으로서, 이 사(事)가 한정의 전분(全分)을 그대로 하여, 무한정의 리(理)와 완전히 같다[全同]고 하는 것입니다. 전동(全同)과 분동(分同), 전편(全徧)과 분편(分徧)은 같은 의미입니다. 화엄의 용어로는, '하나의 티끌[一塵]을 파괴하지 않고, 그 위에 법계에 두루한다'라고 합니다. 이 사이의 소식을 즉(卽)이라는 글자로 표현합니다. 리즉사(理卽事) 또는 사즉리(事卽理)는, 중심점을 사(事) 위에도 리(理) 위에도 두지 않고, 즉(卽) 위에 두는 것입니다. 이것을 또한 여(如, 또는 眞如)라고도 합니다. 여여(如如)라고 반복하기도 합니다.

이사(理事)가 상호 원융무애라고 하는 것은, 엄격하게는 논리적이지 않다고 말하겠지요. 영성적 직각은 비유적으로 표현되고 설명[表詮]되는 것입니다. 그러므로 이사의 상호 용융(鎔融)이라고도 말하지만, 용융의 글자에 갇혀서, 한 쪽에 리(理)가 있고, 다른 쪽에는 사(事)가 있어, 그것이 서로 합쳐져 하나가 되는 것이라고 하는 것과 같은 과실을 범하지 않도록 조심하지 않으면 안 됩니다. 화엄철학은 이러한 도리를 설파하려고 하여 매우 세세한 데까지 반복하여 말하고 있습니다. 그리고 최후에 '이 문(門)은 정(情)을 넘고 견해

[見]를 떠나서, 세간의 비유[世喩]로 잘 비유할 바가 아니다'라고 끝을 맺습니다. 결국은 여(如)라는 한 글자로 돌아가는 것입니다. 영성적 직각의 세계는 다변다설(多辯多說)에 의해서 오히려 진상(眞相)을 잃게 되는 것이지만, 그래서 표전(表詮)할 수 없다고 하면 또한 인간적이지 않습니다.

용(鎔) 및 융(融)의 자의(字義)는 공간적인 것으로 운동을 나타내지는 않습니다. 이사무애(理事無礙)의 경우도 공색무애(空色無礙)의 경우도 대지(大智)의 모습[姿]을 나타내지만, 대비(大悲)의 작용[用]은 거기에 보이지 않습니다. 이것만으로 그치면, 민절무기(泯絶無寄)[7].라든가 어관쌍절(語觀雙絶)이라는 것이 되어 오로지 명상(冥想)의 경지를 시사하는 것에 머물게 됩니다. 움직이는 세계를 놓칠 염려가 있습니다. 즉 리(理)의 세계가 넘치고 사(事)의 세계는 부족하게 됩니다. 그래서 화엄에서는 또한 이쪽의 소식을 전하는 어휘가 상당히 있습니다. 공간적이 아닌, 시간의 뜻[念], 용(用)의 뜻[念]

---

7. 규봉 종밀(圭峰 宗密)이 분류한 선(禪)의 삼종(三宗) 중의 하나인 민절무기종(泯絶無寄宗)에서 나온 말로 일체의 집착을 벗어나 어떠한 것에도 의존하는[依寄] 것이 없으면 전도(顚倒)를 떠나 해탈을 얻는다는 주장.

이 들어간 글자가 있습니다. '동시호즉(同時互卽)', '동시회호(同時回互)', '동시교참(同時交參)', '동시돈기(同時頓起)', '즉능즉소(卽能卽所)', '즉섭즉입(卽攝卽入)' 등입니다. '동시호즉' 또는 '일즉다, 다즉일(一卽多, 多卽一)'이라고 하면, 아직 정태적(靜態的)인 흔적이 남는다고도 하겠지만, '동시회호' 또는 '동시돈기'에 이르면, 화엄 세계의 동태(動態)적인 면을 충분히 도파(道破)하고 있다고 해도 좋다고 생각합니다. 특히 '동시돈기'라는 말은 일체가 '절대(絶對)의 현재(現在)'로부터 움직이는 모습을 말로 잘 나타내고 있다고 생각합니다. '동시(同時)'는 공간과 시간이 회호 교차(回互交差)하는 절대의 한 지점[一點]을 시사하고, '돈기(頓起)'는 비연속적 연속의 뜻과 다르지 않습니다. 돈(頓)은 '홀연(忽然)' 등의 뜻이지만, 거기에는 계속적 시간의 경과를 의미하지는 않고, 모든 일[事事]의 공간적 돌발성(突發性)을 이야기 하는 것입니다. 이 하나의 경계에 철저하는 것에 의해서, 천용일지두(天龍一指頭)[8]의 선(禪)에도 용이 다하지

---

8. 당대(唐代)의 항주(杭州) 사람으로 마조(馬祖)의 문하의 대매법상(大梅法常)의 법을 이어, 문인(門人)에 대해 항상 손가락 하나[一指]를 세워 금화산(金華山)의 구지(俱胝)를 타출(打出)한 사람. 그의 선(禪)은 천룡일지두(天龍一指頭)의 선으로 알려져 있다.

않는다는[用不盡] 시간성이 읽혀지는 것입니다.

능소(能所) 및 섭입(攝入) 등의 글자도 세간(世間) 일반에서는 희귀하게 생각될지도 모릅니다. 능(能)은 능동(能動), 소(所)는 수동(受動)이며, 화엄에서는 이 두 개의 작용[用]을 즉능즉소(卽能卽所)라고 하여 하나의 것으로 합니다. 능소의 관계를 또는 주반(主伴)·은현(隱顯)·순역(順逆)·성괴(成壞) 등의 글자로 표현하는 경우도 있습니다. 섭입(攝入)은 화엄 특유의 용어가 아닐까라고 생각합니다. 섭입을 편용(徧容)과 같은 뜻으로 봐도 좋을 것입니다. 입(入)에도 용(容)에도 행동성(行動性)이 있지만, 따라서 그것에 대한 섭(攝)도 편(徧)도 단순히 공간성(空間性)의 것으로 해석되어서는 안 됩니다. 그래서 화엄철학자는 '지금 이 다(多)는 능히 일(一)을 섭취하여 일(一)로 들어간다. 즉 이 일(一) 또한 능히 다(多)를 섭취하여 다(多)에 들어간다. 즉능즉소(卽能卽所), 즉섭즉입(卽攝卽入), 즉일즉다(卽一卽多). 모든 것을 동시(一切一時)에 널리 거두어서(溥收) 걸림이 없다(無閡).'라고 말합니다. 편(徧)과 용(容)에 관해서는 '편이 곧 입이고[徧卽是入], 용이 곧 섭[容卽是攝]'이라고 하여 편용(徧用)과 섭입(攝入)을 같은 뜻으로 해석하고 있습니다.

'동시호즉(同時互卽)' 등을 말하는 화엄적 우주관 – 이것을 법계관(法界觀)이라고 하지만 – 이것의 이해를 돕는 것으로, 십면(十面)의 거울을 동서남북의 팔방(八方)과 상하(上下)에 놓아두는 비유가 잘 사용됩니다. 십면의 거울은 이것으로 원[球]의 모양을 이루는데, 그 중심점에 등불 하나를 둡니다. 그러면 이 빛은 10개의 거울 표면 하나하나에 비칩니다. 그 가운데 하나의 거울을 취하여 보면, 그 거울에는 나머지 9개의 거울 하나하나가 중앙의 빛을 자기에게 비친 그대로, 거기에 비추고 있을 뿐만 아니라, 그 하나하나의 거울에는, 지금 취하여 보고 있는 그 거울이, 거기에 비치고 있는 빛과 함께, 또한 비춰지고 있는 것입니다. 즉 아홉 개의 거울 하나하나가 그 한 개의 거울에 비춰지고, 그 하나의 거울이 또한 아홉 개의 거울 어디에나 비춰지고 있습니다. 그래서 그것은 개개의 거울만이 아니라 전체가 또한 한 덩어리가 되어 서로 비추고 있습니다.

　화엄의 법계관을 이와 같이 거울에 비유하여 보면, 하나하나의 사물들[事事]이 자기 위에 전부를 잘 받아들이고, 또한 다른 것[他己] 위에 모두와 함께 포섭되어

지는 모양과 방불(髣髴)한 것입니다. 그렇지만, 이것은 오히려 공간적 환상(幻像)을 주는 것에 지나지 않다고 생각됩니다. 즉 '일중일(一中一), 일체중일(一切中一), 일중일체(一中一切), 일체중일체(一切中一切)'라고 하는 것이 됩니다. 그러나 화엄의 중심 사상은 법계의 정관(靜觀)이 아니라, 이것을 동태적(動態的)으로 살피는[觀捕] 것에 있습니다. 이것을 표현하는 방식은 두 개가 있습니다. 하나는 일(一)을 일체(一切)에 대하여 보는 것, 다른 하나는 일체(一切)를 일(一)에 대응시키는 것입니다. 전자(前者)의 형식은 다음과 같습니다.

(1) 일섭일체(一攝一切), 일입일체(一入一切)
(2) 일체섭일(一切攝一), 일체입일(一切入一)
(3) 일섭일(一攝一), 일입일(一入一)
(4) 일체섭일체(一切攝一切), 일체입일체(一切入一切)

후자는 다음과 같습니다.

(1) 섭일(攝一), 입일(入一)
(2) 섭일체(攝一切), 입일(入一)
(3) 섭일(攝一), 섭일체(入一切)

(4) 섭일체(攝一切), 입일체(入一切)

이것을 모두 하나로 정리하여 화엄의 사사무애(事事無礙) 법계관(法界觀)이라고 이름 붙인 것입니다. 인도에서 처음으로 성립한 영성적 직각이, 한민족(漢民族)에 의해 상술한 것과 같은 체계적인 것이 되고, 그것이 일본에 와서 오늘날까지도 전승되고 있을 뿐만 아니라, 또한 실제 종교가 되어 널리 교화(敎化)의 업적을 올리고 있는 것입니다. 단지 유감인 것은, 이들 영성적 직각적(靈性的直覺的) 체계를 의식적으로 파악하여, 이것을 복잡한 오늘날의 사법계(事法界, 정치·경제·사회생활 등의 차별 면)에 활현(活現)시키는 운동이 결여[闕如]되어 있는 것입니다.

2.

당대(唐代)에 현수대사(賢首大師)라는 호(号)를 받은 법장(法藏)이라는 불교자(佛敎者)가 있었다. 이 사람은 한민족(漢民族)이 낳은 가장 우수한 사상가 중 한 사람이다. 이 사람에 의해서 화엄철학이 완성되고, 인도에서 전해 진 불교 사상은 발전의 정점에 달한 것이다. 측천무후(則天武后)를 위해서, 금사자(金獅子)에 비유하여, 화엄사상을 알기 쉽게 해설한 소책자가 지금도 전해지고 있다. 이것을 요약하여 사사무애(事事無礙)의 종지(宗旨)를 말씀드리고자 합니다. 화엄 학자는 무엇이든 무리해서 10으로 분할하는 관습이 있는데 10은 가장 완전한 수라고 생각되고 있기 때문입니다. 하기(下記)의 10항(項)도 어떤 점에서 중복되는 것처럼 생각되지만, 지금은 그대로 두고, 대의(大意)를 말하겠습니다.

1. 금(金)에는 자성(自性)이 없기 때문에, 예술가의 손에 들어가면 금사자(金獅子)라는 형상이 된다. 리(理)도 그와 같아 연(緣)에 따라서 어떠한 형상이든 취한다.
2. 사자라는 형상에는 실체(實體)가 없고 전부가 금(金)이다. 사자는 유(有)가 아니고, 금은 무(無)가 아니다. 리[理, 공(空)]는 리(理)로서 자성을 갖지 않는다, 즉 한정된 형체로서 대상적(對象的)으로 되지 않는다. 색[色, 사자(獅子)]을 가상(假相)으로 하여, 비로소

인간 의식의 대상이 된다.

3. (불교에는 어느 것이든 삼성(三性)이라고 하는 것이 있다. 일종의 인식론이지만, 법장도 또한 그것을 여기에 응용한다.) 사자는 실재(實在)가 아니라도, 지성적 분별 위에서는 감성적(感性的) 사실로서 거기에 환재(幻在)하기 때문에, 이것은 변계소집(偏計所執)이다. 다음으로 사자는 인연소생(因緣所生)으로, 자존(自存)의 실재(實在)와 같이 보이기 때문에, 그것은 의타기성(依他起性)이다. 마지막으로, 사자의 본질은 금으로, 그 금은 불변이기 때문에, 그것은 원성실성(圓成實性)이다.

4. 금이 사자의 전체를 모두 섭수(攝收)하면, 사자는 그 개체성[個己性]을 실각(失却)하는데, 이것을 사자의 무상성(無相性)이라고 한다.

5. 사자가 자체(自體)를 가지는 것처럼 보이는 것은, 전부 금으로 인한 것이다. 금이 없으면 사자는 무(無)이다. 사자에게는 생멸이 있지만, 금은 원래부터 불변이다. 그래서 사자는 무생(無生)이라고 하는 것이다.

6. 어떤 측면에서 보아 불교를 5단계로 나누지만, 이

것을 사자를 보는 방식에 관련시켜 보면 다음과 같다. 사자는 인연소생(因緣所生)으로 찰나 찰나[念念]에 생멸하기 때문에 실재성을 가지 않는다고 하는 것이 우법성문교(愚法聲聞敎)이다. 사자는 인연소생으로 자성(自性)이 없어 철저(徹底)하게 공(空)하다고 하는 것이 대승시교(大乘始敎)이다. 사자로서의 상(相)은 공하여도, 환유(幻有) 또는 가유(假有)로서의 존재는 인정하지 않으면 안 된다고 하는 것이 대승종교(大乘終敎)이다. 금[金, 리(理)]과 사자[사(事)]의 상호성을 말살하면, 지성적 분별은 의지할 바를 잃어버려 무력한 것이 된다. 그래서 공[空 리(理)]와 유[有 사(事)]의 이원 대립성(二元對立性)도 또한 함께 멸하지 않을 수 없기 때문에, 의식은 의지처[寄邊]가 없게 되고, 언어도 염려(念慮)도 미치지 않는 시절이 온다고 말하는 것이 대승돈교(大乘頓敎)이다.

지성적 분별이 멸하면, 진짜 금[眞金]이 그 본체(本體)를 노출한다. 그 본체는 잡다[尨雜]한 만상(萬象)을 떠난 것이 아니고, 만상 그대로이다. 대용번흥(大用繁興)이라고 하여, 손 쓸 수 없을 정도의 분연(紛然)한 것이 보이지만, 모든 것[事事]이 그 자기 위치를 지키면서 진짜 금인 것을 잃지 않는 것이다. 이것을 일체즉일(一切卽一)이라고 한다. 이것이 또한 일즉일체(一卽一切)의 측면도 가지고 있기 때문에, 인과는 역연(歷然)하여 범할 수 없는 것이다. 역용상수(力用相收)하고, 권서자재(卷舒自在)라고 법장은 말한다. 이것이 일승원교(一乘圓敎)로, 대승(大乘)의 극치(極致)인 화엄사상이다.

7. 화엄의 법계관(法界觀)에는 십현(十玄)이라는 것이 있다. 열 가지 부사의(不思議)라고 할 수 있을 것이다.

1) 금과 사자는 동시에 성립하여, 각각 원만구족(圓滿具足)하다.

2) 금과 사자는 서로 받아들여[相容] 성립하기 때문에, 일(一)과 다(多)가 걸림없이[無閡] 교차한다고 말할 수 있다. 그러나 그렇다고 하여, 리(理)는 리(理)이고, 사(事)는 사(事)인 것을 잃지 않는다.

3) 사자를 사자로 볼 때, 사자만이 있고 금은 없다. 이것을 사자가 드러나 금이 숨는다고 한다. 이에 반해 금으로 보면 금뿐이고 사자는 보이지 않는다. 이것을 금이 드러나고 사자가 숨는다고

하는 것이다. 나아가 지금 하나의 관점으로부터 하면, 사자도 금도 함께 드러나고, 또한 함께 감춘다고 말할 수 있다.

4) 일즉다(一卽多), 다즉일(多卽一)의 연관을 인다라(因陀羅)[제석천(帝釋天)]의 제망(帝網)9.에 비유할 수 있다. 금사자의 안이지절(眼耳支節)이라 말하지 않고 신체 전부의 하나하나의 모공(毛孔)에 각각 한 마리의 금사자가 있다. 그리고 이 하나하나의 금사자가 동시에 갑자기 한 가닥 털[一莖毛] 가운데에 들어와, 거기에서 또 그 모습을 보이고 있다. 그러므로 그것이 또한 그대로, 즉 하나의 털 끝 위에 끝 없는[無邊] 사자를 나타내고, 모든 사자 위의 하나 하나의 털 끝 위에, 중중무진(重重無盡)하게 현로(顯露)하고 있다. 그 모양은 제망(帝網)의 하늘 구슬[天珠]과 같다. 이것이 법계형성(法界形成)의 일면이다.

5) 사자를 볼 때, 그 눈에 사자를 완전히 담아 두면, 사자 전체가 모두 이 눈이다. 귀에 사자를 담아 두는 경우도 마찬가지로 사자 전체가 오롯이 귀

---

9. 제석천의 그물.

이다. 모든 감관(感官)이 동시에 사자를 담아두면, 하나하나가 사자 전체이며, 또한 하나하나의 감관인 것을 잃지 않는다. 이것을 순(純)이면서 잡(雜), 잡(雜)이면서 순(純)이라고 하는 것이다.

6) 사자의 모든 감관(感官)의 하나 하나의 털 끝에 각각 사자 전체를 담아 두는 것이지만, 그것이 각각 사자의 눈에, 사자의 귀에, 사자의 코에 철저하여, 오롯이 눈이 되고, 귀가 되고, 또한 코가 되면, 눈은 곧 귀[眼卽耳]이고, 귀는 곧 코[耳卽鼻]가 되는 것이다. 모든 것 사이에 무장무애(無障無閡)한 교섭이 열린다. 금과 금의 색(色)이 하나로, 서로 떠나지 않는 것과 같은 취지가 보인다.

7) 금과 사자를 서로 바라보면, 그 사이에 여러 가지의 전전상유(展轉相由)가 보인다. 한 쪽이 드러나면 다른 쪽이 숨는 다든지, 한쪽에 일(一)이 있으면 다른 쪽에 다(多)가 있다든가, 어떤 곳에서 선정(禪定)에 들면, 동시에 다른 곳에서 그것으로부터 나오고 있다든가, 리(理)와 사(事), 사(事)와 사(事), 각 항 사이에 상즉(相卽)의 관계가 널리 보인다든가, 한쪽이 유력하면, 다른 쪽이 무력하게

된다든가, 한쪽이 주(主)가 되면 다른 쪽은 이것에 수반한다든가, 리와 사가 한결같이 밝게[炳然] 나타나고 있다든가, 일체가 일체를 받아들여 아무런 장애를 볼 수 없다든가, 일체가, 하나하나가, 각각 정위(定位)하여, 그렇게 해서 모두 안립(安立)하고 있다든가 하는 것과 같이, 법계에는 다양한 교섭이 행해지고 있다.

8) 사자를 시간의 측면에서 보면, 그것은 유위(有爲)의 법이기 때문에, 시시각각(時時刻刻)으로 생멸한다. 그 한 찰라(刹那)를 세 개로 나눌 수 있는데, 과거와 미래, 현재이다. 그리고 그 하나하나가 다시 세 개로 나누어진다. 이것은 무한히 이어져서, 하나 하나의 분제(分際) 사이에 어떤 틈이 있는 것처럼 보이지만, 사실은 삼세(三世)는 일념(一念)이며, 영원은 이 '지금[今]'이다.

9) 금과 사자의 상호 교참(交參)에, 은현(隱顯)이라든가, 일다(一多)라든가, 이사(理事)라든가, 성립(成立)이라든가, 그 밖에 여러 가지 상(相)을 볼 수 있지만, 그것은 모두 인간 의식의 작용으로, 전회(轉回)하는 것이다. 어떠한 것도 그와 같은 것

이 객관적으로 정해진 법[定法]으로서 있는 것이 아니다.

10) 사자의 작용함은 무명(無明)을 나타내고, 금의 실체성은 진성(眞性)을 나타내는 것이다. 금과 사자, 리(理)와 사(事)가, 상호 용융(鎔融)하는 모습은 아뢰야식(阿賴耶識)의 경우에도 보여 정해(正解)를 얻을 수 있다.

8. 사자의 위에 세 쌍의 대척적 개념을 분별하여 볼 수 있다. 총(總, 일반)과 별(別, 특수), 동(同)과 이(異), 성[成, 융회성(融會性)]과 괴[壞, 자위(自位)로 돌아감]이다. 화엄에서는 이것을 육상연기(六相緣起)라고 말하고 있다.

9. 앞에서 말한 것은 모두 보리(菩提)를 이루기 위함이다. 보리는 깨달음[覺]이며 또한 도(道)이다. 사자에 대해서 사자의 성(性)이 본래 적멸(本來寂滅)함을 깨닫고, 모든 취사(取捨)를 떠날 수 있다면, 그 길은 일체지(一切智, 영성적 자각)에 이르는 길이다. 또한 영원한 옛날부터 원래 어떠한 미혹이라는 것, 전도(顚倒)라고 하는 것은 없는 것이다. 일체종지(一切種智)를 대동(帶同)하고 있다고 하는 것을 알면, 그것이

대비(大悲)

깨달음[覺]이다.

10. 열반에 들어간다고 하는 것은, 금과 사자가 함께 그 상(相)을 다하여 구경(究竟)에 현적(玄寂)하다는 것을 알고, 번뇌를 일으켜 좋고 추함[好醜]의 경계에 헤매지 않고, 마음이 안연(安然)하여 대해(大海)에 파도가 고요한 것처럼 되면, 망상(妄想)은 모두 다하여 버려서, 어떠한 핍박(逼迫)의 느낌도 갖지 않게 되고, 모든 전박(纏縛)을 초월하고, 모든 장애가 미치지 않는 곳에 이르러, 어떠한 고통[苦]도 느끼지 않게 된다. 이것이 입열반(入涅槃)이다.

3.

화엄의 세계관을 네 가지로 나누는 것이 보통이다. 사법계(事法界)·이법계(理法界)·이사무애법계(理事無礙法界) 및 사사무애법계(事事無礙法界)의 네 가지이다. 법계(法界)가 네 가지 있다는 것은 아니고, 네 가지로 보인다는 것이다. 법계라는 것은 범어 dharma-dhātu로, dharma는 법(法), dhātu는 계(界)이다. 법이라는 글자는 매우 넓은 의미를 가지고 있기 때문에, 한 가지로 정의하기 어렵다. 사(事)라는 의미도 있고, 실재이기도 하며, 정리(定理) 또는 원칙의 뜻으로도 사용되며, 화엄에서 말하는 리(理)의 의미도 있기 때문에 복잡하기 그지없다. 계(界)는 세계 또는 우주로 봐도 좋고, 모든 사물[物]이 존재하는 장소라는 뜻이다. 그렇기 때문에 법계는 지금의 경우에는, 법 – 영성적 직각 – 이 생기는 장소라고 생각해 두면 좋다고 생각한다. 법계의 진상(眞相)은 사사무애(事事無礙)를 깨달을 때에 비로소 인각(認覺)되는 것이다. 이사무애로서의 법계는 철학자에게도 신학자에게도 거의 통용한다고 생각되지만, 사사무애의 법계는 그들이 아직 도달하지 못한 바라고 믿는다. 이 최후의 법계관(法界觀)은 범신론(汎神論)이 아니려니와, 범일신론(汎一神論)도 아니고 또 신비론(神秘論)과 동일시되어서도 안 된다. 주의하여야 한다.

화엄의 세계관을 이해하기 위해서는, 직각(直覺)에 두 종류가 있다는 것을 알면 좋다고 생각합니다. 하나는 감성적·지성적 직각, 다른 하나는 영성적 직각입니다. 전자는 인간 일반의 소견(所見)을 대상[對境]으로 하고 있지만, 후자에 이르지 않는 한, 이 환경에서 새로운 의미를 읽을 수 없습니다. 영성적 직각의 특이성은 공간적 직각과의 융합입니다. 그러므로 최고의 의의(意義)에 있어서 구체성을 가지고 있습니다. 이에 반해 감성적·지성적 직각은 개념적, 정태적(靜態的)이며, 공간적이기 때문에 생명의 움직임 그 자체를 포착할 수 없습니다. 영성적 직각은 생명 그 가운데로 뛰어 들기 때문에 공간적·시간적이며, 한 곳에 정체하지 않고 언제나 유동성을 잃지 않으면서도 그 자리를 떠나지 않고 항상 담연(湛然)한 것입니다. 영성은 언제나 지금 여기에서 출발해 지금 여기로 돌아옵니다. 지금 여기라고 하면 추상성을 가진 것처럼 생각되지만, 사실 이것처럼 구체적인 것은 없습니다. '눈 앞[覿面]에서 대좌(對坐)하고 있으면서도 아직 일찍이 만난 적이 없다'입니다. '지금 여기에서 입정(入定)하고 있지만, 삼천리 밖에서 동시에 출정(出定)하고 있다'입니다. 이것은 분별지적(分別智的)으로 한정된 여러 전제(前提)로부터 도출된 논리적 결론이 아닙니다. 영성적 직각의 '보고 들은 대로 서술한 것[直敍]'이며 또는 평설(平說)에 다름 아닙니다. 사사무애법계의 소식을 있는 그대로 전하는 것입니다.

목주도종(睦州道蹤)이라고 하는 분은 당대(唐代)의 선장(禪匠)으로, 황벽희운(黃檗希運)의 뛰어난 제자[高弟]인데, 그 분에게 다음과 같은 문답(問答)이 있었다. 이것은 영성적 직각의 경지에서 나온 것으로, 지성적 분별로는 일종의 가공(架空)의 설화라고도 보일 것이다. 왕상시(王常侍)라는 관원(官員)은 전부터 목주(睦州) 문하에서 참선(參禪)했지만, 어느 날 목주는 왕상시가 늦게 오자, '오늘은 무슨 일이 있었는가'라고 물었다.

왕(王), '마타구(馬打毬)를 보고 와서 늦었습니다.'

목(睦), '사람이 공을 치는 것인가, 말이 치는 것인가.'

왕(王), '사람이 치는 것입니다.'

목(睦), '사람은 지쳤는가.'

왕(王), '지쳤습니다.'

목(睦), '말도 지쳤는가.'

왕(王), '지쳤습니다.'

목(睦), '노주(露柱)도 지쳤는가.' (노주란 이 문답이 있었던 법당인가 어딘가의 기둥이라는 뜻)

왕상시는 이 홀연한 질문에 대해서 무어라고도 응

답 할 수가 없었다. 이 방[室]의 마루 기둥[床柱]은 타구(打毬)와 어떤 관계도 없는 비정물(非情物)이다. 이것이 '타구로 피곤한가, 어떤가'라는 물음은, 지성적으로 보면, 대화의 주제와 무관하다. 왕상시는 그날 밤, 자지 않고 생각했다. 홀연히 목주의 뜻을 이해할 수 있었기 때문에, 다음날 그를 찾아가 그 뜻을 고하였다. 그러자 목주화상이 말하기를,

'노주(露柱)도 지쳤는가.'

'지쳤습니다.'

목주는 이것을 듣고서 왕상시를 인가했다고 한다. 그런데 이야기는 이것으로 끝나지 않고, 송(宋)대에 불안(佛眼)의 원(遠)이라고 하는 선사(禪師)가 있었는데, 여기에 주(註)를 다음과 같이 달았다.

'이것은 달마 대사의 종지(宗旨)가 있는 곳이다. 노주(露柱)는 타구를 아는 것이 아니다. 그러므로 피곤해야 할 이유가 없는데, 피곤했다는 것은 도대체 어떤 이유에 의한 것인가. 사람이 피곤하고 말이 피곤하고, 그러므로 노주도 또한 피곤하다는 것이 되지 않으면 참으로 피곤하다는 것은 없는 것이다. 이것을 알면 무생(無生)의 이치를 안다. 언어 가운데에서(즉 지성적 분별

위에서) 작은 것을[尺寸] 물어서는 안 된다. [표자정규적(杓子定規的)으로 대상적·논리적으로 사량억도(思量臆度)해서는 안 된다.] 운운(云云).'

　화엄의 사사무애법계를 움직이고 있는 힘은 다름 아닌 대비심(大悲心)입니다. 이 대비심 때문에 인간의 개아(個我, 혹은 個己)는 그 한계를 타파(打破)하여 다른 많은 개아와 편용섭입(徧容攝入) 할 수 있습니다. 비심(悲心)은 빛으로 빛나는 천체(天體)와 같고, 그것으로부터 나오는 광명은 모든 다른 형체를 비추고 그것을 감쌉니다. 그래서 그것과 일체(一體)가 됩니다. 그렇기 때문에 그 사물들이 상처를 입으면 자신도 또한 상처를 입는 것 같이 됩니다. 이것은 일부러 의식하여 그렇게 하는 것은 아니고, 자연히 그렇게 하는 것입니다. 목주와 왕상시와의 문답처럼, 비정(非情)인 노주(露柱), 타구(打毬)를 알지 못하는 노주도 또한, 사람이나 말과 같이 피곤하지 않고서는, 사사무애의 법계를 관철하지는 못합니다. 법계의 동력은 대비심 밖에 없습니다.

　금사자의 비유나 거울의 비유만으로는 공간적·정

태적(靜態的)으로 밖에, 화엄의 법계를 관(觀)하는 것이 가능하지 않다고 생각합니다. 그렇지만, 여기에서 대비의 일심(一心)을 주입(注入)하면, 제망(帝網) 중중(重重)의 하늘 구슬[天珠]은 불가사의한 광경을 나타냅니다. 영성적 직각의 관점으로부터 하면, 관조(觀照)가 즉 창조(創造)이며, 창조가 즉 관조입니다. 우주 전체는 신(神)의 마음에 비치고, 신의 마음이 곧 우주입니다. 공간적으로 봐도 그럴 뿐만 아니라 시간적으로 봐도 또한 그렇습니다. 이것이 이사무애의 법계입니다. 단지 화엄에서는 모든 사상적 문제를 이원론적(二元論的)·대상논리적(對象論理的) 입장에서 보지 않고, 동시호즉(同時互卽)이라든가 동시돈기(同時頓起)라고 하는 점에서부터 보아가는 것입니다. 대비심도 또한 세상 일반의 사랑[愛] 등과 같이 대상적으로 이해하여서는 안 됩니다. 선가(禪家)에서는 자주 자취를 남기지 않는다든가 자취를 없앤다고 말하지만, 모두 이 의미에 지나지 않는 것입니다.

대지(大智)가 대비(大悲)이며, 대비가 대지라고 하는 것은, 신(神)에게 있어서는 관지(觀智)가 곧 창조(創造)이며, 창조가 곧 관지라는 의미와 다르지 않습니다.

환언하자면, 공간이 시간이며, 시간이 공간이라고 하는 것이 됩니다. 그리하여 이것이 이원적으로 합치한다고 하는 의미는 아니고, 화엄적으로 원환적(圓環的)으로 비일비이(非一非異)라는 것입니다. 이것이 영성적 직각의 본질입니다. 이 직각에는 능각(能覺)과 소각(所覺)이 대상적으로 높이 솟아 있는[峙立] 것이 아니고, 즉능즉소(卽能卽所)이며, 무분별의 분별을 그 특이성으로 하고 있습니다. 또한 이것을 해인삼매(海印三昧)라고 부르고 있습니다. 이것도 정태적(靜態的)·관조적(觀照的)·공간적(空間的)으로 보지 않고, 명상(冥想) 즉 창조의 뜻으로 인각(認覺)하지 않으면 안 되는 것입니다. 관하는 것이 만드는 것, 만드는 것이 관(觀)하는 것이라고 하는 의미는, 지성적 분별의 경지에 머무는 한 영득(領得)할 수 없습니다. 그렇다고 해서, 분별계(分別界)를 말살(抹殺)하는 것이 아님은 말할 나위가 없습니다. 사사[事事]가 없는 원융(圓融)은 성립하지 않습니다.

사사[事事]는 감성적·지성적 세계를 구성하고 있기 때문에, 이 세계에서는 통제(統制)라든가, 의무(義務)라든가 책임(責任)이라고 하는 윤리적인 것이 유행(流行)하는 것입니다. 그렇지만 이것이 일전(一轉)하여 영성적 법계가 되면, 그와 같은 것은 없습니다. 법계에 있어서 일체의 행동은 전광영리(電光影裡)에 춘풍(春風)을 베는 것과 같은 것입니다. 당위(當爲)라고 하는 것이 없고 무애자재(無碍自在)합니다. 배고프면 먹고 목마르면 마신다고 하는 자연적·물리적·동물적 행동이 있을 뿐입니다. 작위적(作爲的) 기교적(技巧的)인 것은 조짐이나 자취[朕跡]를 남기지 않는다는 것이 됩니다. 이것이 초월적·종교적 생활의 소식입니다. 이것은 윤리의 세계로부터 나오는 것은 아닙니다. 윤리의 세계는 오히려 종교의 세계를 기초로 하여 그 위에 구축된 것입니다. 분별계는 영성계로 돌입하는 것에 의해서 비로소 그 의의가 인각(認覺)됩니다.

4.

대비심(大悲心)의 이야기로 돌아가면, 화엄의 법계(法界)를 움직이고 있는 것은 이것 밖에 없기 때문에 불교도는 이것에 인격적 상호(相好)를 부여하여 구체화하는 것이 보통입니다. 아미타여래(阿彌陀如來)라고 하는 것은 이와 같은 인격화의 하나입니다. 인격화라고 하면, 어쩐지 환영(幻影)과 같이 생각되지만, 어떤 의미에서 말하면 돌[石]도 나무도 산도 강[河]도 내지는 찬란(燦爛)한 여러 가지 태양계통(太陽系統)도 또한 환영에 지나지 않습니다. 영성적 소견(所見)의 법계 쪽이 감성적(感性的)·지성적(知性的)·자연적(自然的) 대상의 세계보다도 참다운 실재성(實在性)을 가지고 있습니다. 아미타(阿彌陀, Amitābha)란 무량광(無量光)의 뜻이며, 아미타유사(阿彌陀庾斯, Amitāyus)라고도 하는데, 이것은 무량수(無量壽)입니다. 주로 기독교 등의 사람들은 아미타는 역사적 실재가 아니기 때문에 무력(無力)하다든가, 단순한 형이상학적 개념이라고 말하지만, 이른 바 역사적 사실이라는 것도, 사실 그 자체로는, 어제는 비[雨], 오늘은 바람[風]이라고 하는 것과 마찬가지로 우리들에 대해서 어떠한 힘을 갖지 않는 것입니다. 이른 바 사실에 무언가 영성적(靈性的) 직각적(直覺的) 가치가 부여되지 않으면 안 되는 것입니다. 역사는 이것으로 살아나게 됩니다. 수천 수백년도 무량겁(無量劫)도 지성적으로 말하면, 상당히 차이가 있는 것처럼 생각되지만, 영성적으로 보면, 똑같이 영성적 가치의 법계(法界) 소속입니다. 어쨌든 아미타 여래는 정토계(淨土系) 사람들에게는 지극히 현실적이며 구체성으로 가득 찬 존재입니다.

미타(彌陀)에게는 48개의 서원(誓願)이 있다. 그 가운데 '일체 중생(衆生)이 정각(正覺, 즉 영성적 자각)을 이루기까지는 자신도 정각을 성취하지 않는다'는 것이 있다. 그런데 그는 지금 스스로의 정각(正覺)을 성취하여 극락정토(極樂淨土)를 출현시키고 있기 때문에, 우리들 중생[유정비정(有情非情)을 포함하여]은, 그를 믿기만 하면 반드시 정각을 이룬다는 것입니다. 그러나 미타의 정각과 중생의 정각은 동시돈기(同時頓起)로, 그것은 기성(旣成) 사실(事實)이기 때문에 우리들도 이미 성불(成佛)해 있다고 말하지 않으면 안 된다 - 고 하는 것이 됩니다. 이것을 지성적 분별의 측면에서 보면, 비합리 비상식의 극치가 됩니다. 아미타라고 하는 타기(他己)의 성불이 어떻게 해서 자기(自己)의 성불이 될 수 있을까. 이웃 사람의 재산도 명예도, 자기에게는, 이른바 이웃 사람의 보물을 헤아리는 것이 아닐까. 그런데 이것을 영성적 직각의 법계에서 보면, 미타의 성불이 바로 자기의 성불이 되는 것이며, 그리고 자기의 성불이 또한 타기(他己)의 성불로 되어 가는 것입니다. 그러므로 이 사바(娑婆)에서 한 사람의 신심자(信心者)가 생기면 정토(淨土)에서는 이것을 맞이하는 연화(蓮華)가 한 송이 피어난다고 합니다. 극락(極樂)이라고 하는 영성적(靈性的) 법계는 사바(娑婆)라고 하는 분별적 세계와 서로 연결되어 있습니다. 그 보다는 오히려 서로 비추고 있다고 하는 쪽이 좋겠지요. 두 개의 사물이 서로 비추는 것이 아니라, 하나인 것이 하나를 하나에 비추는 것입니다. 차별즉평등(差別卽平等)이라고 말해도 무분별(無分別)의 분별(分別)이라고 말해도 같은 것을 지시하고 있습니다. 분별계의 업계(業繫)·번뇌(煩惱)·망상(妄想) 등을 씻어 버리고, 화엄법계(華嚴法界)에 돌입(突入)하게 되면, 아직 태어나기[未生] 이전의 광경이 인득(認得)되는 것입니다.

이원적(二元的) 대상세계에 머물러, 분별적 논리의 권외(圈外)로 나갈 수 없으면, 대비(大悲)의 사사무애(事事無礙) 법계에 투철할 수가 없습니다. 이것이 되지 않으면 고뇌(苦惱)의 세계는 밤낮으로 나[我]를 압박하는 것입니다. 우리들 일본인 누구나 과거 십 수 년 동안 전체주의(全體主義)라든가 개인주의(個人主義)라든가 국가지상주의(國家至上主義)라고 하는 것에 제압되어져 말할 수 없는 고뇌(惱)를 받고, 그 결과 오늘날에도 또한 그 화(禍)를 받지 않으면 안 되게 되어 있습니다. 이것은 필경 대비심(大悲心)의 현전(現前)이 없었기 때문입니다. 사사무애(事事無礙)법계로부터의 소식이 끊어졌기 때문입니다. 오늘날의 과학도 이 대비(大悲)를 소홀히 하면 반드시 인간에게 화(禍)가 되는 것입니다. 국제 간의 분규(紛糾)도 그 근원은 대비원(大悲願)의 유무(有無)와 관계가 있습니다. 민주주의라는 것도 또한 이것에 뿌리를 내리지 않으면 결실을 맺을 수 없습니다. 정치도 재정도 법률도 사회생활도 일저자(一著子)[10]를 놓치는 것에 의해서 헤아릴 수 없는 화(禍)를 초래하게 됩니다.

　아미타의 사십팔 서원 가운데에는 근대 생활에서 보면 맞지 않는 것도 있지만, 결국 일체 중생을 지성적 분별의 질곡(桎梏) – 따라서 망상·번뇌의 계박(繫縛)

---

10. 바둑에서 급수를 한 수 낮추는 것. 선종(禪宗)에서는 스승이 제자에게 향상(向上)을 위한 한마디[一句] 법어(法語)를 내리는 것을 말한다.

으로부터 구출하려고 하는 것입니다. 분별은 나(我)를 진실이라고 인정하고 있습니다. 이 나(我)는 다양한 형태로 나타납니다. 개인아(個己我)·국가아(國家我)·민족아(民族我)라는 것도 있습니다. 어떤 것이나 분별아(分別我)의 다양한 상(相)이지만, 이것이 분별적으로 고수되면, 일즉다(一卽多), 즉 다즉일(多卽一), 즉섭즉입(卽攝卽入) 등으로 말해지는 사사(事事)의 동시호즉(同時互卽)의 법계는 완전히 잊혀 집니다. 이것이 잊혀지면, 이 세계는 여실하게 아수라장이 될 수밖에 없습니다. 미타의 정토는 흔적도 없이 사라져 버리겠지요. 미타(彌陀)의 서원(誓願)은 화엄의 법계를 이 땅에서 현전시키려고 하는 것입니다. 영성적 직각의 법계는 미타 정토의 뜻입니다. 그러므로 미타는 우리들 한 사람 한사람과 다르지 않은 것입니다. 사사무애의 법계를 두드려서 한 덩어리[一치]로 하면 미타가 되고, 미타의 대비(大悲)가 분열하여 개개(個個)사사(事事)의 진주(眞珠)가 되면, 우리들 중생도 또한 각각이 정토의 장엄(莊嚴)인 것입니다.

5.

인간 생활의 기저(基底)가 감성적·지성적 분별의 세계라고 하면, 이 밖으로 나올 필요가 어디에 있을까 라는 것으로 될 것입니다. 우리들은 보통 집단적 생활을 하고 있고, 여기에서는 도덕률(道德律)로 행동하기만 하면 되지 않겠는가. 종교라든가 영성적 법계 등이라고 하는 꿈과 같고 포착(捕捉)하기 어렵고, 부정적 문자가 아니면 말로 표현 할 수 없는 경지는, 우리들 실제 생활에 있어서 어느 정도의 가치가 있을까. 이와 같은 의문은 사람들이 흔히 품는 바입니다. 위에서 이것을 언급하기도 했지만, 또 다시 말하면, 인간은 단지 도덕만으로 살아 갈 수 없는 것이 있습니다. 그것으로 만족할 수 있다면 화엄가(華嚴家)는 법계 등을 들고 나오지 않았을 것입니다. 도덕적 당위(當爲)의 요청은 어떤 의미에서 인간 영성의 자유를 속박하는 것입니다. 정치적 압박도 또는 지성적 논리도 또한 그러합니다. 인간에게는 아무리 억누르려고 해도 억누를 수 없는 것이 있어, 그 구속들을 향해서 반항합니다. 이것이 방종불기(放縱不羈)로 오해되기도 하지만, 이것도 또한 자유를 희구(希求)하는 불완전[不具]한 표현이라고 해도 좋을 것입니다. 적극적으로 또는 파괴적으로 온갖 구속, 도덕적·지성적·정치적 구속으로부터 이탈하려고 하는 대신에, 오히려 소극적으로 내면적으로, 의식의 바닥 없는[無底] 바닥[底]으로부터 솟아나는, 뭐라고 형언할 수 없는 고뇌가 느껴집니다. 이 고뇌가 형언할 수 없는 것이라고 하는 것은, 분명한 모양을 가지고 의식되지 않기 때문이다. 자유를 바란다던가 하는 것처럼 한정되지 않는 무의식입니다. 어떤 사람에게는 '조용하고 작은 소리'로서 마음의 귀에 속삭이는 것으로 들리지만, 또한 어떤 사람들에게는, 자기와 우주 그것을 합쳐서 완전히 부정하려고 하는 격한 것이 느껴지는 것입니다. 이것은 일종의 '유혹(誘惑)'이기도 하고, 또한 일종의 '강박(强迫)'이기도 합니다. 상대(相對)의 세계를 파괴하는 것은 절대의 경지로 이끌려고 하는 것입니다. 또한 이것을 듣지 않으면 그 자신의 존재 그것이 위험하다고 하는 것은, 천길[千仞]의 벼랑[岸頭]에 내몰린 것입니다. 어쨌든 일대(一大) 도박장에 나서는 것과 같습니다. 분별의 사바(娑婆)를 택할 것인가, 무분별의 정토(淨土)를 바랄 것인가의 갈림길입니다. 이것은 단순히 자기라는 존재의 좋아하고 싫어하는 것으로 정하는 것이 아니고, 그저 어쩔 수 없는 것이 됩니다.

지성적 분별이나 도덕적 당위의 세계에만 살고 있어서는, 아무리 해도 종교적·영성적 무분별 직각의 경지[直覺地]의 낌새[幾微]는 알 수 없습니다. 그것은 왜냐하면, 도덕이나 지성으로부터는 영성적인 것은 나오지 않고, 거기에는 언제나 대상적인 존재가 있기 때문에, 자유롭지 않습니다. 그런데 영성적 직각의 법계는 절대적으로 자유로운 장소입니다. 양자의 간격은 비연속성이 있기 때문에, 도덕으로부터 앞으로 나아가 영성으로 들어갈 수는 없습니다. 이 간격은 이른바 험한 낭떠러지[嶮崖]에서 손을 놓아서 크게 한번 죽는 것[大死一番]이 되지 않으면 뛰어 넘을 수 없습니다. 합성 고무나 합성 주(酒)는 만들어져도 벚꽃은 합성될 수 없습니다. 원자 폭탄은 만들어도 석가(釋迦)나 그리스도는 제조 할 수 없습니다. 양자 사이에는 절대 옮겨 탈 수 없는 것이 있습니다. 도덕과 종교 사이에도, 전자(前者)에서 후자로 진행은 있을 수 없습니다. 그렇지만 후자에서 전자로는 흘러가는 것이 가능합니다. 그것은 왜냐하면, 도덕적 당위(當爲)의 세계에는 자유가 없고, 창조가 없습니다. 그렇기 때문에 그것으로부터는 아무것도 생기지 않습니다. 영성적 법계는 완전히 이것과 상반(相反)된 것입니다. 나날이 새롭게 하고 또한 나날이 새롭게 되어, 창조의 원천은 곤곤(滾滾)하게 밤낮 없이 넘쳐 나오는 것입니다. 당위의 세계에서는 왠지 어색함이 있습니다. 상즉상입(相卽相入)의 법계에서는 봄이 오면 풀이 자연히 푸르다고 느껴지는 것이 있습니다.

중국(漢土)에 제요(帝堯)시대의 농민이 지었다고 하는 격양(擊壤)의 노래가 전해지고 있습니다.

'해 뜨면 일하고, [日出而作]

해지면 쉬고, [日入而息]

우물 파서 물 마시고, [鑿井而飮]

밭 갈아서 먹으니, [耕田而食]

황제의 힘이 나에게 무슨 소용이겠는가.

[帝力于我何有哉]'

정치의 묘체(妙諦)는 인민(人民)으로 하여금 정부(政府)의 존재를 느끼지 않게 하는 것에 있다고 믿습니다만, 요즘과 같이 힘[力]의 정치나 통제의 유행으로는 인민은 도처(到處)에서 국가와 맞부딪히지 않으면 안 됩니다. 원시시대의 실상이 어떠했는지 알 수 없지만, 동양은 고복격양(鼓腹擊壤)의 시대를 태고(太古)에서 찾으려고 하는 것입니다. 어린 아이처럼, 개나 고양이 새끼와 같이, 어떠한 걱정도 없이 살아가는 곳에, 신(神)의 세계를 꿈꾸는 것입니다. 여기에서 영성적 법계의 무사기성(無邪氣性)이 있는 것입니다.

자연 그대로 살아가는 곳, 영성적 직각의 법계는, 한편으로는 인간의 문화적 생활을 부정하는 것입니다. 그렇지만, 이것은 전술한 바와 같이, 개기(個己)를 사(事)의 측면에서만 보고 하는 이야기로, 타기(他己)를 포함한 리(理)를 잊고 있는 것이 됩니다. 사사무애법계는 위인도생(爲人度生)의 장소로 대비(大悲)의 작용을 보지 않으면 안 되는 것입니다. 자리이타(自利利他)라고도 자각각타(自覺覺他)라고도 중생무변서원도(衆生無邊誓願度)라고도 말하는데, 불교에서는 이것을 보살도(菩薩道)라고 말합니다. 이것은 독선주의(獨善主義)의 나한도(羅漢道)에서 한 걸음 나아간 것으로, 인간의 사회성에 기초하는 것입니다. 미타의 서원(誓願) 및 제불(諸佛) 제보살(諸菩薩)의 서원은 모두 이것으로부터 나옵니다. 원래 사사무애의 법계에서는 그렇게 되지 않을 수 없습니다. 일체의 중생으로 하여금 모두 보리(菩提)를 성취하게 하려는 것은 일종의 유토피아적 사상입니다. 그러나 이 사상은 유토피아적이기 때문에 언제까지나 인간에 대해서 무한한 매혹을 가지고 있습니다. 결국은 대비(大悲)의 발양(發揚)입니다. 영성적 직각의 사람들은 이 윌 오 더 위스프(will o'the wisp)[11]를 언제나 쫓아다니고 있는 것입니다. 그래서 그들에게는 영원히 다하지 않는 대정진력(大精進力)이 있습니다. 한정되지 않는 목적을 향해서 정진하는 것이 무익(無益)함으로 가득하다(沙汰)는 것은 도덕적 당위의 세계―그것은 또한 지성적 분별의 세계입니다―거기에 있는 사람들의 사고방식입니다.

분별적·대립적 논리의 세계에서는, 무한한 대비(大悲), 무목적(無目的)의 대비―그것으로부터 나오는 대정진력은 결코 요해(了解)되지 않는 것입니다. 고래(古來)의 철학자·종교적 사색가는 이 문제에 대해서 힘[精力]을 다해 생각했지만, 뜻대로의 해결은 아직까지 이뤄지지 않고 있습니다. 이것은 화엄의 사사무애법

---

11. 도깨비불, 사람을 미혹시키는 것.

계관에 도달하지 않는 한 해결되지 않는다고 믿습니다. 법계는 '지금 - 여기'의 공간적·시간적 절대점(絶對点)을 중심으로 하여, 대비(大悲)의 장면(場面)에서 움직이는 것입니다. 이 면은 영성적 직각에 의해서 비로소 분별 의식 위에 나타나는 것입니다. 후자의 측면에서는 눈은 눈이며, 귀는 귀이지만, 이것이 한번 법계의 무애관(無礙觀)을 통과하면, 눈은 귀이고, 귀는 코이고, 산은 강이라고 하는 것으로 됩니다. 이것이 불가사의해탈(不可思議解脫)입니다. 지성적 분별의 위에서는 사의(思義) 할 수 없기 때문입니다. 영성적 직각은 지성의 세계를 단공(斷空)하는 것이 아님은 지금까지 반복해서 말씀드린 바입니다.

그러므로 보살의 행동은 무목적적(無目的的)이라고 말하여도 좋습니다. 이 점에서 그는 자연계(自然界)에 있는 다른 존재와 같고, 동물적 생활 또는 식물적이라고도 말 할 수 있습니다. 어떤 면에서 보면 과연 그러합니다. 분명히 지금 정원에 날아온 한 마리의 작은 새는 -인간적 분별식의 눈으로 보면, 뭔가 먹이를 찾으러 온 것일 겁니다. 결코 무목적적이지 않고, 혹은 다른 생물을 잡아먹으려고 한다고도 할 것입니다. 정말 무참(無慘)하다고 해도 좋습니다. 그러나 그럼에도 불구하고 많은 종교가들이 말하는 것처럼, 새의 행동에 어쩐지 공리적(功利的)·약육강식적(弱肉强食的)이지 않은 어떤 것이 있습니다. 새는 날기 때문에 새와 같고, 물고기는 가라앉기 때문에 물고기 같다고 하는 것처럼, 자연적 생활 가운데에 초자연적(超自然的)인 신성적(神性的)인 것이 엿보이는 것입니다. 기독교는 이것을 신의 영광(榮光)을 찬양하고 있다고 말하겠지요. 불교도는 이것을 정토(淨土)의 장엄(莊嚴)이라고 말합니다. 개인적[個己的] 사사(事事) 생활에서는 어두운 그림자[暗影]가 쉬지 않고 일렁이고 있지만, 그럼에도 불구하고, 영성적 묘취(妙趣)가 넘쳐흐르는[橫溢] 것이 느껴집니다. 이것을 신(神)의 순수(純粹) 행위라고 합니다. 선자(禪者)는 이것을 '대나무 잎 계단[階]을 쓸어도 티끌도 움직이지 않고, 달은 연못 바닥[潭底]을 뚫어도 물에 흔적도 없다'고 합니다. 또한 '애만 쓰고 공(功)이 없다'고도 합니다.

또한 한편에서 보면, 신에게도 자연적인 것이 있습니다. 그러나 그렇다고 해서 신의 초자연성을 저해하는 것은 없습니다. 볼테르가 말하기를, 인간을 구하려는 것이 신의 일이기 때문에, 인간으로서는 일부러 걱정할 필요가 없다고 합니다. 기독교도는 이것을 가지고 신(神)의 신성(神聖)을 모독(冒瀆)하는 것이라고 생각하고 있습니다. 화엄가(華嚴家)의 눈으로 보면, 반드시 그러한 것은 아닙니다. 신의 자연적 필연성은 곧 그의 신성적(神性的) 자유입니다. 그에게 있어서 필연(必然)과 자유(自由)는 하나입니다. 볼테르는 이것을 깨닫지 못한 것입니다. 영성적 직각의 법계에서는 절대의 모순, 상호(相互) 부정(否定)이 자기 동일임을 알지 못하는 그는, 신을 자신의 인간적 입장으로부터 판단하고 있습니다. 신성(神聖)의 모독은 신 자신의 위로 향하지 않고, 볼테르 자신의 위에 떨어집니다. 신은 의연하게 그의 '일'인 것을 추구하느라고 바쁘겠지만, 인간은 또한 인간으로서 자신의 구제(救濟)를 얻기 위해서, 신의 은총(恩寵)을 빌어 마지 않는 것입니다.

불교에도 이것과 유사한 사고방식이 있습니다. 아미타는 이미 무량겁(無量劫)의 옛날에 정각(正覺)을 이루었고, 그리고 이 성정각(成正覺)의 조건으로서 중생(衆生)의 성정각을 제공하고 있습니다. 만약 미타의 쪽에 이미 정각을 이룬 사실이 있다면, 인간도 이미 정각을 이루고 있다고 생각하지 않으면 안 되고, 과연 그렇다고 하면 일부러 그것 때문에 열심히 구도(求道)다 뭐다 하며 소란을 부릴 필요가 없다고 - 이와 같이 생각하는 것입니다. 그러나 이것도 인간적 지성적 분별을 토대로 한 판단으로, 아직 법계의 풍광(風光)에는 접하지 않은 것입니다. 미타가 무량겁(無量劫)의 과거에 정각을 이루었다고 하는 것은, 인간적 역사적 사실로서 전해지는 것이 아니라, 인간 각자가 영성적 직각에 들어갈 때 감득(感得) 혹은 오득(悟得)하는 사실입니다. 스스로에게 이 감득(感得)의 사실이 없는 동안에는, 미타의 성정각(成正覺) 운운(云云)하는 것은 아무런 의미를 가질 수 없습니다. 볼테르도, 신이 하지 않으면 안 되는 일이라고 말 할 수 있기 위해서는, 어떤 자각을 가지고 있었다고 말하지 않으면 안 됩니다. 그것 없이 말한다면 그는 자기의 신성(神性)을 모독하는 것입니다.

이것은 어쨌든 아미타 쪽에서는 48원(願)(또는 무량겁에 걸친 무량수의 서원), 중생 쪽에서는 부단(不斷)한 염불

(念佛, 기원)과 참회(懺悔) - 종교의 본질은 이것 밖에 없는 것입니다. 어떠한 것이나 화엄의 법계를 성립시키고 있는 대비심(大悲心)의 발로(發露)에 지나지 않습니다. 미타의 쪽은 어쨌든 간에 우리들 중생의 쪽에서는 마음 속 깊은 곳에서 어쩐지 불안한 기분을 지울 수 없습니다. 이대로의 존재 - 지성적 분별과 도덕적 당위(當爲)만의 존재 - 로서는 만족할 수 없는 것이 있다. 무언가 알 수 없지만, 그것만이 아닌, 인간을 초월한, 그리고 인간에게 가장 관계가 깊은[深密] 무언가가 없으면 안 된다는 느낌, 그것에 대한 동경이 우리들 쪽에 있습니다. 아미타 부처님의 객관적 역사적 본질 등이라는 것은 두 번째 문제라고 해도, 이 동경은, 이 느낌, 이 고뇌는, 끊임없이 해결을 촉구하고 있습니다. 아미타가 진실한 의미에서 내 몸에 관계해 오는 것은, 이 해결과 동시(同時)인 것입니다. 지금까지의 미타는 사람으로부터 말로 전해진 것에 지나지 않았던 것입니다. 미타의 성정각(成正覺)이 이 때에 비로소 자신의 성정각과 직접 관계하게 됩니다. 사사무애(事事無礙)의 법계(法界)가 공간적·정태적(靜態的)·개념적으로 받아들여졌던 것이, 이 때 비로소 시간적으로 대

비적(大悲的)으로, 인각(認覺)되는 것입니다. 이것이 화엄의 동시돈기(同時頓起)입니다. 지성적 분별의 세계, 연속적 인과적으로만 이해되고 있던 세계 가운데에, 돌연히 비연속성의 것이 나타나게 됩니다.

 이 점에서 기독교와 불교의 서로 다른 차이[相異]를 알아차리는 것이 가능합니다. 신과 인간과의 합치(合致)를 설하는 경우라도, 전자(前者)는 무언가 이원론적(二元論的) 흔적(痕跡)을 남깁니다. 사사무애 법계와 같은 견해는 그 편영(片影)조차도 인정할 수 없습니다. 이 때문에 불교는 범신론(汎神論)이라는 사람도 있습니다만, 보통 말하는 범신론에는 역시 이원론의 그림자가 머물고 있습니다. 범신론의 신은 의연하게 만상(萬象)의 외부[外]에 서 있습니다. 안으로 들어온다고 하면, 그것은 밖을 생각하기 때문입니다. 안은 밖에 대하여 있습니다. 그래서는 이사무애(理事無礙) 법계에도 아직 도달할 수 없는 것입니다. 하물며 사사무애 법계에 있어서겠습니까라고 말하지 않을 수 없습니다.

6.

일본 불교에는 미타 이외에 관음(觀音)·지장(地藏)·약사(藥師) 등의 보살이 있습니다만, 이 가운데 가장 민중적(民衆的)인 것은 관음입니다. 그러나 모두 대비심(大悲心)의 권화(權化)인 것은 변함이 없습니다. 미타와 같은 사십팔원(四十八願)이라는 것은 없지만, 관음은 서른세 가지의 변형(變形)으로 인간에게 나타난다고 합니다. 그러나 인간의 동경(憧憬)은 서른세 가지에 한정된 것은 아니고, 그것은 개인에 따라서 상이하기 때문에, 관음은 그 동경 또는 요청에 응해서 어떠한 형태라도 취할 수 있는 것입니다. 주안점은 관음은 대자대비(大慈大悲)의 권화로서, 그가 요청되는 곳에 응해서 나타난다고 하는 것입니다. 이른바 구하면 주어지고, 두드리면 열린다고 하는 것입니다.

대중적 신앙에 의하면, 아미타는 인간 사후(死後)에 있어서 정토생활에 대해 큰 관심을 가지지만, 현세(現世)의 이익에 대해서는 관음 정도는 아닌 것 같습니다. 『관음경(觀音經)』에 의하면, 우리들이 세간적 생활에 있어서 무언가 불행한 일을 만나서 매우 곤란할 때, 일심(一心)으로 관음을 염(念)하면, 그는 어떤 형태로 그 사람 앞에 나타나, 그를 곤경에서 구출한다고 합니다. 그러나 특히 관음의 성격으로써 있는 것은, 무외(無畏)를 베푼다고 하는 것입니다. 무외는 읽히는 글자와 같습니다만, 이것은 보통의 의식면에 있어서 공포에서 이탈했다고 하는 심리 상태는 아닙니다. 관음이 베푼다고 하는 무외는, 영성적 경지에 속하는 것으로, 단순히 도덕성의 것은 아닙니다. 무인(武人)이 비 오듯 쏟아지는 총탄 사이에서 두려워하지 않는다든가, 교수대(絞首臺) 위에서 태연히 죽어간다고 하는 정도의 것은 아닙니다. 오히려 인생의 일희일비(一喜一悲)에 대해서 지금 차원이 높은 곳에서 이것을 내려다보는 것 같은 것이 무외입니다. 화복(禍福)이 무궁(無窮)하게 뒤엉켜 있는 가운데에, 무외의 마음을 가진다는 것은, 단지 소극적으로 공포의 마음[念]이 없다고 하는 것이 아니라, 부동(不動)의 신심결정(信心決定)한 바가 있다고 하는 것입니다.

'염피관음력(念彼觀音力)'이라고 할 때 염(念)은 심리학적으로 말하는 기억의 뜻이 아닙니다. 또는 무의식의 바닥[底]으로부터 불러 오는 것도 아닙니다. 여기에서 말하는 염은 그 사람의 존재 그 한 가운데에서 나

대비(大悲)

온다는 의미입니다. 보통의 기억은 물론이지만 분석 심리학자가 말하는 개인적 '무의식' 가운데부터도, 또는 인간 의식 발생의 당초(當初)부터 누적되어 온 무의식의 의식 가운데부터도 아닙니다. 오히려 인간 존재를 가능하게 한 우주 그것이 가진 염(念)이라고 해야 할 것입니다. 이 염(念)이 불러 깨워질 때가 곧 관음력(觀音力)이 더해지는 시절(時節)인 것입니다. 이것이 무외를 체득한다는 뜻입니다. 기우왕(氣宇王)[12]처럼이라고 말하지만, 우주를 삼키고 토하는[吞吐] 것입니다. 지금까지 한정된 구덩이 가운데 있어 언제 밟혀 죽을지 몰라 전전긍긍(戰戰兢兢)하고 있었던 존재가, 그 제약을 갑자기 벗어버리게 된 것입니다.

이 무외(無畏)는 미타 혹은 관음의 대비심(大悲心)으로부터 인간에게 전해져 오는 것이기 때문에, 이것을 획득한 자에게는 또한 대비심의 발로(發露)가 있게 되는 것입니다. 대비의 유행(流行)은 무엇에 의해서 막히는가 하면, 그것은 인간 개인이 가지는 공포(恐怖)·의구(疑懼)·불안 등의 감정입니다. 이 감정들은 개인으

---

12. 기우(氣宇)는 기백(氣魄)·견식(見識)으로, 기우왕이란 기백이 왕과 같이 당당한 모습을 말한다.

로 하여금 점점 내면으로 움츠러들게 하고, 그 위에 외면(外面)으로 향해서 견고한 성벽(城壁)을 구축하는 것입니다. 이러면 대비(大悲)의 통로가 막히지 않을 수 없습니다. 사물과 사물[事事]의 사이에 연락 할 방법이 없다고 하면 무애(無礙)로는 되지 않습니다. 개아(個我)가 스스로 쌓은 성곽(城廓)을 파쇄(破碎)하지 않는 한, 이것으로부터 초월할 수 없습니다. 자신보다도 큰 것에 감싸지려고 해도, 우물쭈물[逡巡]하여 주저(躊躇)해서는 그것은 불가능합니다. '자기'라고 하는 외피[甲殼]로부터 벗어나는 것이 무외(無畏)이며, 그것과 동시에 대비(大悲)와 대신(大信)이 얻어집니다.

무외(無畏)는 무목적적(無目的的)입니다. 목적을 가지면 그것에 제한되어 버립니다. 제한되면 반드시 소심(小心)하게 되고, 계산적(計算的)으로 되며, 대비심(大悲心)은 그 '대(大)'를 잃고 인간적으로 되어 스스로 제한되게 됩니다. '대(大)'는 수량이 아닌 절대(絶對)·무한(無限)·무량(無量)의 뜻입니다. 이와 같은 것에 목적은 없고, 목적과 같은 것에 향하게 두면 그것에 의해서 한정되지 않을 수 없습니다. 내재적 목적이라고 하는 것도 있지만, 안으로든 밖으로든 무언가 목적이라는 의식이 있는 곳에는 반드시 한정이 있습니다. 그것은 분별(分別)이기 때문입니다. 분별의 무분별, 무분별의 분별이 아니면, 무외(無畏)가 될 수 없습니다. 한인(漢人)의 시(詩)에는 이 사이의 소식을 잘 읊은 것이 있습니다. 한 예를 들면 다음과 같습니다.

'깊이 잠을 자 산에 비가 내린 걸 알지 못하였는데,

[睡美不知山雨過]

잠을 깨니 집이 절로 시원하다.

[覺來殿閣自生凉]'

전게(前揭)의 격양가(擊壤歌)와 더불어 이 문자들 사이에 흐르고 있는 감정을 음미하면, 영성적(靈性的) 법계(法界)의 생활에는 지성적 분별이나 사의억측(思議臆測)으로는 잘 납득이 되지 않는 것이 있음을 알 수 있습니다.

이렇게 보아 가면, 미타(彌陀)의 서원(誓願), 염불기원(念佛祈願)의 생활, 위인도생(爲人度生)의 방편 등은 어떠한 것이나 목적 없는[無目的的] 헛된[徒爾] 행(行)이라고 해야 할 것인가, 어떠한가[如何]. 답은 '그렇다'이고, 또한 '아니다[否]' 입니다. 그것은 이런 종류의 문제는 분별식(分別識)의 측면에서 해소할 수 있는 것이 아니기 때문입니다. 분별의 측면에서는 이원론적(二元論的) 대상의 세계로부터 떠날 수 없기 때문에, 모든 것이 '그렇다'와 '아니다'로 양분되는 것입니다. '이것인가, 저것인가'라고 하는 선택을 강요당합니다. 그렇지만 사사무애(事事無礙)의 법계(法界)에서는 '이것도, 저것도'라고 하여 어떤 것이나 받아들여서, 동시호즉(同時互卽)시킵니다. 지성적 분별 위에서는 여러 가지 물음이 나오고, 그렇게 나오는 것이 당연한 것입니다. 단지 이것은 그 나온 측면에서 해결되기 위해서 나오는 것은 아니고, 이것을 나오게 하여, 영성적 무분별의 소재(所在)를 찾게 하려고 하는 대지대비(大智大悲)의 선교방편(善巧方便)인 것입니다.

거기에서 또 하나의 문제가 생기는데, 목적 없는 생활에는 무슨 재미가 있는가, 즉 도덕적 가치로 한정되지 않으면 안 되는 것이 인간 생활인데, 이것을 초월한다든가 하면, 그것은 자살(행위가) 아닌가. 이러한 질문을 자주 받습니다. 또한 이것으로 영성적 직각의 법계를 무가치한 것, 무의미한 것, 있어도 없어도 좋은 것이라고, 비평(批評)해 버리고 맙니다. 인간은 원래 분별성으로 되어 있기 때문에, 비록 그 기저[底]에 무분별이 있어도, 이미 그것이 무분별이라면, 내버려 두어도 좋은 것이 아닌가라고 생각 할 수 있습니다. 그러나 인간에게는 이 있어도 없어도 좋은 무분별의 기저에 안주하지 않으면 불안(不安)으로 쉴 틈이 없게 됩니다. 지금 정원에 내려와 있는 참새[雀]를 봐도, '저것은 무엇을 먹으러 온 것일까'라든가, '어떤 쓸모가 있는가'라든가, '왜 한 쌍의 날개[翼]가 있고, 한 개의 부리[嘴]를 가지고 있는가' 등등, 그 밖의 수천 개의 문제를 제기하는 것은 크게 지성적으로 깨우치는[警發] 기회를 줍니다. 괜찮은 것이긴 하지만, 단지 그것을 보고 신의 영광을 찬양하는 것으로 해두지 못하는 것일까요. 무슨 일이든 단지 그대로 받아들여서, '비가 내려도 좋고, 해가 비춰도 좋다'고 할 수는 없는 것일까. 인간의 마음 깊숙한 곳에 이러한 것을 말하게 하는 것이, 또한 따로 있습니다. 양자택일(兩者擇一) 등으로 어렵게 말하지 않고, 일즉다(一卽多), 다즉일(多卽一)로써 교섭무애(交涉無閡)의 법계(法界)에 눕고 일어나고[起臥] 할 수는 없는 것일까. 인간에게는 이렇게 있고 싶다고 하는 일면(一面)이 있고, 또한 그 요청이 있는 것을 의식하지 못하는 것일까. '지금 여기'의 절대의 일점(一點)에서 사사무애 법계를 열어가는 모습(相)을 보고 싶어 하는 것은 아닐까요.

대지(大智)의 측면이 강조되면 대비(大悲)의 측면이 경시(輕視)되는 것처럼 되고, 이것을 역으로 하면 또한 역(逆)의 측면이 보이기 때문에, 인간이 하는 것은 언제나 성가신 것입니다. 그렇지만, 그것은 충분히 주의를 해야만 합니다. 이 경우에도, 동시회호(同時回互)의 법계(法界)만 넋을 놓고 보고 있으면, 인간 생활의 실제 측면이 얼마나 마찰(摩擦)이 많은 것인가를 잊어버리거나, 등한시 하는 일도 있을 수 있습니다. 여기에서는 대비심(大悲心)이 크게 활약하지 않으면 안 됩니다. 관음(觀音)도 미타(彌陀)도 분주하게 움직이지 않으면 안 됩니다. 이 측면에서는 결코 무목적(無目的)인 것은 아닙니다. 어쨌든, 중생을 고통으로부터 구하는 것이 당면한 큰 문제입니다. 여기에 보살도(菩薩道)가 있습니다. 지장보살(地藏菩薩)은 육도(六道)를 윤회하여 중생제도(衆生濟度)를 합니다. 단 여기에서 보살의 대비(大悲)와 인간의 동정심(同情心)이 다른 점은, 인간에게는 한계가 있으며, 특히 개인으로서는 아무리 길어도, 70년, 80년을 넘을 수 없습니다. 집단적 행동에 참여할 수밖에 없습니다. 그러나 결국은, 개인을 제외하고서는 집단도 추진력을 잃기 때문에, 보살의 대비심은 스스로를 윤회의 소용돌이 속에 던지는 것을 마다하지 않는 것입니다. 그러나 여기에서 또한 기억해야만 하는 한 가지는 보살의 대비심이라는 것은, 절대이며 무한하고 무목적적이지만, 그것은 단지 추상적, 개념적, 일반적으로만 말해지는 것은 아니고, 일사(一事) 일물(一物) 위에 시간적 공간적으로 가장 구체적으로 움직인다고 하는 것입니다. 이것은 과학이나 합리주의나 자연주의, 인간주의로 해결되어지는 문제가 아니고, '초자연주의(超自然主義)'까지 돌진해 가지 않으면 해결할 수 없습니다.

『법화경』에 여래는 무량겁(無量劫)의 과거에 정각(正覺)을 이루었지만, 지금도 여전히 이 사바세계에 왕래하고 있다고 합니다. 또한 삼계(三界)는 불타는 집[火宅]과 같지만, 이것이 대비(大悲)의 대상으로, 중생은 내 자식과 같다고 합니다. 『능가경(楞伽經)』에서는 대지(大智)는 유무(有無)를 초절(超絶)하고 있지만, 그럼에도 거기에서 대비(大悲)가 나오고, 대지(大智)와 대비(大悲)는 양쪽 손을 맞잡고 간다고 합니다. 『유마경(維摩經)』에는 중생이 아프기 때문에 자신도 아프다고 합니다. 이러한 사상이 어디에서 나오는가를 생각해 보지 않으면 안 됩니다. 선교방편(善巧方便)이라고 하는 것은, 대비(大悲)의 무한정(無限定)의 한정(限定)의 면으로 부터 발생하는 것입니다. 사려계도(思慮計度)가 없는 대비심(大悲心)으로부터 사려계도를 가진 방편이 나오는 것입니다. 화엄의 법계는 이렇게 해서 곧 방편의 사바세계에 연관하여 오는 것입니다.

7.

일본 불교에서는, 선(禪)은 대지(大智)의 측면, 정토계(淨土系)는 대비(大悲)의 측면을 대표한다고 말해도 좋을 것으로 생각합니다. 선(禪)은 자칫하면 나한(羅漢)의 독선성(獨善性)·도피성(逃避性)으로 기울려고 하지만, 정토계는 보살과 함께 오탁(五濁)의 거리[巷]를 방황하는 것을 싫어하지 않습니다. 경우에 따라서는, 선(禪)은 단지 자연신비주의(自然神秘主義)라든가, 자연에 대한 미적(美的) 관조(觀照)라든가, 또는 신에 대한 이성적(理性的) 사랑[愛] 등으로 평가되는 경우도 있습니다. 그러나 그것이 틀렸다고 하는 것은 새삼스럽게 반복할 것도 없다고 믿습니다. 정토계가 현재 일본에서 행해지고 있는 바로는 '우치문맹(愚痴文盲)'인 대중(大衆)을 목표로 하고 있다고도 말씀드릴 수도 있지만, 모든 종교는 지혜재각(智慧才覺)을 싫어합니다. 그것은 말할 필요도 없이, 종교는 지성적 분별의 영역이 아니기 때문입니다. 현학(衒學)이라든가, 박식하다[物知]든가, 혜민(慧敏)이라든가 하는 것은, 인간으로 하여금 오히려 영성적 직각으로부터 멀어지게 한다는 사실은, 우리들 모두가 일상적으로 견문(見聞)하는 바입니다. 그렇지만, 선(禪)에 있어서는, 한편으로는 원래부터 학문의 섭렵(涉獵)을 싫어하지만, 또 다른 한편으로 얼마간의 문학을 알고 있지 않으면 안 됩니다. 그것은 왜냐하면, 선(禪)은 당(唐)·송(宋)의 시기에 완성된 것이기 때문에, 스스로 한문학(漢文學)의 소양(素養)을 요구하는 것입니다. 사실, 오늘날 일본에서는 선은 오히려 지식인들 사이에서 수행되고 있습니다. 이에 반해 정토계(淨土系) – 특히 진종(眞宗)은, 일본에서 완성된 것입니다. 그리고 그 당시는 정치적 권력의 압박에 위축된 하층민들이, 자신들의 인생의 위안을 내세(來世)에서 구하려고 하는 경향을 나타낸 것도 있다고 믿습니다. 그러나 종교로서의 본질에서 보면, 정토계 불교라고 하더라도, 정치에 연관을 가진 것은 아닙니다. 바로 인간성의 본거(本據)에 다가오는 것입니다. 정토계에는 사회적 인도주의적(人道主義的) 요소가 있지만, 선(禪)은 오히려 고답적(高踏的)이라고 하는 것이, 일본에 있어서 양자(兩者)의 현황입니다.

정토계 신자(信者)의 한 유형으로 보아야 할 사람으로 사누키[讚岐] 지방의 장송(庄松)이 있습니다. 그는 명치(明治) 초기 무렵에 타계(他界)한 묘호인(妙好人)입니다. 전혀 문자를 모르는 빈농(貧農)의 한 사람이었습니다. 『장송 있는 그대로의 기록(庄松ありのままの記)』이라고 제목을 붙인 그의 언행록(言行錄)에 다음과 같은 기사(記事)가 실려 있습니다.

어느 날 장송은 이웃 마을의 사람과 절에 참배하러 갔을 때, 장송은 본당(本堂)에 들어가자마자, 본존인 아미타불 앞에 옆으로 누워버렸다. 친구는 그것을 보고 '참으로 무뢰하지 않은가'라고 말했더니, 장송이 말하기를, '부모의 품안에 돌아 왔다. 아무런 삼갈 것도 없지 않은가. 자네가 비난 하는 것을 보니, 자네는 의붓자식이 아닌가'라고 했다.

장송은 무학(無學)인 농민의 한 사람으로, 나무로 된 아미타불을 살아 있는 것처럼 생각했다고만 보아서는 안 됩니다. 그는 어린 아이의 심리(心理), 원시 민족의 심리 그대로로, 만유신성(萬有神性)의 느낌으로부터 한 걸음도 나오지 않았다고 하는 지성적 분별관(分別觀)의 사람도 있을 것이라고 생각합니다. 그래서는 장송과 같이 순진하디 순한 영성적(靈性的) 직각(直覺)의 경지에 들어간 사람을 볼 수가 없습니다.

장송은 또 여름 날 밭에서 김매기를 하고 점심 시간에 자신의 집으로 돌아와서, 툇마루에서 더위를 식히다 말고 그 불단(佛壇)의 문을 열어 본존(本尊)을 끄집어냈다. 그리고 대나무 끝에 묶고서, '아이고 부모님도 시원하시겠지'라고 말했다.

이것은 보통 말하는 우상숭배의 변태(變態)라고 생각할지도 모르지만, 그것과는 크게 그 취지를 달리 하는 것이 있다. 장송은 목상(木像)인 아미타를 향해서

도움을 구하지 않고, 목상 그것에 불사의(不思議)한 힘이 깃들어 있다고는 생각하지 않는다. 이와 같은 것을 헤아린다거나 생각하는 것은, 지나친 분별 의식이다. 장송의 초월적 종교 감정은 그와 같은 분별을 넘어서 있습니다. 이것은 또한, 단순히 감정이입설(感情移入說) 등으로 말해서는 안 되고, 그것보다도 한층 고차원의 성정(性情)으로부터 나오는 것입니다. 물리적 현실이나 지성적 상징화의 권외(圈外)로 나온 곳으로부터 현전(現前)하는 것입니다.

옛날 사람들의 구(句)에 다음과 같은 것이 있습니다.

'사람들이 다갔음을 정원의 나무가 모르지만

[庭樹不知人去盡]

봄이 오니 예전의 꽃 또 다시 피었구나.

[春來還發舊時花]'

이것은 일종의 수사법이 아닙니다. 시인은 어떤 의미에서의 화엄삼매(華嚴三昧)의 체득자입니다. 장송의 기저를 이해할 수 있는 사람이라고 믿습니다.

장송이 교토[京都]의 본산(本山)으로 동행(同行)과 함께 참배하고, 그 돌아오는 길에 오사카(大阪)에서 배로

고향으로 향했다. 그 때 하라마해협[播磨灘]에서 대폭풍우를 만나, 배가 언제 전복될지 알 수 없었다. 일행은 누구나 평소의 모습을 잊고 열심히 '금비라 대권현님께 예배합니다[南無金比羅大權現]. 부디 파도가 고요하게 해주세요'라고 기도했다. 그런데 장송은 혼자 배 아래에서 크게 코를 골며, 아무것도 모른 채 자고 있는 모습이었다. 일행은 참으로 불가사의하게 침착한 사람이라 생각하고, 장송을 흔들어 깨웠다. 그리고 '동행(同行), 일어나지 않겠는가, 구사일생의 경우라네, 어물쩍거려서는 안 되네'라고 했다. 장송이 말하기를 '여기는 아직 사바(娑婆)인가'라고 했다.

장송이 살고 있던 세계는 어디였던 것일까요. 정토(淨土)도 사바(娑婆)도, 화엄의 법계(法界)도 제행무상(諸行無常)의 덧없는 세상[浮世]도 아니었을 것 같다는 느낌이 듭니다. 그는 그 자신의 영성적 직각의 세계에 살고 있었던 것입니다. 이것이 정토인가라고 생각하면 사바이고, 사바인가라고 생각하면 정토라고 해야만 하는 불가사의한 것이라고 말하지 않으면 안 됩니다. 그의 눈으로 보면, 이른바 이 세계라는 것은, 일반의 인간이 살고 있는 것 같은 감성적 구체(具體)의 세계가 아니었던 것입니다. 우리들의 구체성은 그에게 있어서는 반드시 그러한 것은 아니었습니다. 마담 기용에게도, 하쿠인[白隱]에게도 이와 같은 경험이 있었던 것은 기록되어 있지만, 장송의 경우는 이들과도 다른 것처럼 생각된다.

여행에서 병이 난 장송은 가마에 실려 집으로 돌아왔다. '이제 집으로 들어왔으니 안심해도 좋다. 미타의 자비를 기뻐하게'라고 말하니, 장송이 대답하기를 '어디에 있어도, 누워 있는 곳이 극락의 옆방이다'라고. 또한 어느 날 동행이 문병을 와서 '자네가 죽으면 묘를 써 주겠네'라고 했다. 장송이 답하기를 '나는 돌 아래에 있지 않겠네'라고 했다.

장송은 분명히 우리들 일반이 생활하고 있는 지성적 분별의 세계에는 살고 있지 않았다. 그렇다고 해서 이 세계 밖으로도 나가지 않았던 것이다. 이 세계를 떠나 있으면서, 아직 떠나지 않는 경지를 '평상심(平常心)'이라고 말하는 경우도 있습니다. 이것은 선자(禪者)가 잘 사용하는 말로, '평상심시도(平常心是道)'입니다. 장송의 세계에서는, 정토가 사바에 비치고 사바가 정토에 비치는 세계라고 해도 좋을 것이라고 생각합니다. 정토의 바깥에 없는 사바, 사바의 바깥에 없는 정토 - 이것을 비일비이(非一非異)의 법계라고 말해 둡니다. 그는 실로 이 영역을 자신의 것으로 하고 있었던 것입니다. 그는 본래부터 지금 말씀드리는 것처럼 지성적 분별에 근거 하여, 이 영역을 인각(認覺)하고 있었던 것은 아닙니다. 그는 이른바 배고프면 먹고, 목마르면 마신다고 하는 자연적·동물적이며, 또한 신성적(神性的)인 생활 속에 있었던 것입니다. 무외(無畏)의 생활이기 때문에, 파도가 높아지면 그것과 함께 높게 오르고, 또 낮아지면 그것과 함께 가라앉을 뿐입니다. '당신에게 맡기는 세모(歲暮)'라고 하지만, 그는 실로 그와 같이 살고 있었던 것입니다. 다른 사람이 '후생(後生)의 일대사(一大事)는'이라고 묻자, '그것은 내가 아는 것이 아니다, 아미타 부처님께 맡겨두면 좋다'라고 답하였다. 그는 언제나 아미타의 품에 안겨 있었던 것이다. '예수교[耶蘇教]가 점차 들어 와서 곤란한 일이다'라고 하는 사람 말을 듣고서, '범부(凡夫)가 부처가 되는 이상의 것은 오지 않네'라고, 장송은 답했다. 참으로 철저한 것이다.

8.

 사사무애관(事事無礙觀)의 응용(應用)이라고 할 수 있는 것을 말씀드리며, 결론(結論)으로 삼겠습니다. 인간의 집단적 생활은 또한 법계(法界)의 모습[相]을 지니고 있습니다. 집단의 구성단위는 개체와 전체[個多]의 사사(事事)에 상응하는 것입니다. 이 가운데 하나의 개체적인 사(事)에 어떤 변화가 생기면, 그것은 반드시 여타(餘他)의 사사(事事)에 영향을 미치게 마련입니다.

 인간의 집단은 그 정도로 긴밀한 연관 위에 서있는 것입니다. 대해(大海)에 하나의 파도가 움직이면, 아무리 작은 것이라도, 전체에 미치는 것입니다. 인간의 집단적 생활은 유기체(有機體)입니다. 인체의 일부에 뭔가 고장이나 손상이 있으면, 그것은 다른 부분에도 영향을 미치는 것입니다. 집단 전체의 건강은 사실 각 단위의 건강에 의해서 유지됩니다. 그래서 이 단위라고 하는 것은 각각 독립된 개체[個l]일 뿐만 아니라, 그것이 어느 정도 모여서 이루어진 조직도 또한 복합 단위로서의 단위적 기능을 일으킵니다. 단위는 끝없이 나눌 수 있는 것과 마찬가지로, 또 다른 면에서는 끝없이 확대할 수 있습니다. 국가라고 하는 것도, '세계국가'라고 해야 하는 것의 한 단위 세포입니다.

집단생활을 일반적으로 말하는 국가에 한정해 보면, 그 가운데서 스스로 각종 계급이 생깁니다. 예를 들면 자본가와 노동자라든가, 부르주아와 프롤레타리아라고 하는 것이 집단 생활의 생산의 측면에서 나타납니다. 이들은 대항하고 다투어야 하는 것이 아니라, 상호간에 협조해 가야만 하는 것은 말할 필요도 없습니다. 한쪽에서 다른 쪽을 억누르려고 하는 것은 계급적 자아[階級我]의 횡포입니다. 사사무애의 법계는 거기에서는 생기지 않습니다. 집단의 구성 단위는, 그 단독성과 복합성을 불문하고, 모두 자유와 평등의 2대(大) 원칙에 의해서 지배되지 않으면 안 됩니다. 자유와 평등은 상용(相容)되지 않는 개념이라고 할 수 있지만, 일즉다(一卽多), 다즉일(多卽一) 또는 즉섭즉입(卽攝卽入)의 화엄적 원리의 기반에 놓여지면, 상호 간에 원융(圓融) 불가해(不可解)한 것은 없습니다. 기반이라고 하는 것은 대비심(大悲心)입니다.

인간의 집단적 생활을 국가라고 하는 틀 안에서만 보지 말고, '세계정부' 또는 '세계국가'라고 하는 데 까지 확장시키지 않으면 안 됩니다. 그러기 위해서는 관용의 정신과 상호 영해(領解)라는 것이 필요합니다. 이 것은 개아(個我)의 세계에 틀어박혀 있어서는 가능한 것이 아닙니다. 국가아(國家我)도 아집(我執)의 일종입니다. 내(我)가 있는 곳에서는 반드시 전투(戰鬪)가 있습니다. 그것은 왜냐하면, 나(我)라고 하는 단단한 외피[甲殼] 속에 갇혀, 바깥 세계[外界]를 알지 못하는 자에게는, 언제나 일종의 시기와 의심[猜疑]·공포(恐怖)의 생각[念]이 있습니다. 그리고 그와 동시에 자신에 대해서는 상당(相當) 이상(以上)의 평가를 하려고 하는 자만심(自慢心)이 있습니다. 스스로 밖으로 통하는 길을 막는 자는, 이렇게 되는 것이 당연합니다. 그 결과는 전투의 참화(慘禍)를 가져올 수밖에 없습니다.

종교 단체에 있어서도 또한 그러한 것이 없어서는 안 됩니다. 종교 즉 영성적 생활을 영위하려고 노력하는 단체는, 실로 사사무애법계의 전형적인 것이 되지 않으면 안 된다고 생각합니다. 그렇지만, 개인은 어쨌든 간에, 단체라는 것이 되면, 단체 의식(意識)이라는 것이 발생하게 되고, 이것이 나(我)의 모체(母體)를 형성하게 됩니다. 인간이 이와 같이 되는 것은, 인간의 업(業)입니다. 그러므로 대비심(大悲心)의 작용은 집단의 각 단위 속에서 보이도록 하지 않으면 안 됨과 동시에, 그 단위의 크고 작은 복합체 속에서도 충분히 현현(顯現)하지 않으면 안 되는 것입니다.

불교와 기독교는 2대 세계종교입니다. 앞으로 세계국가를 건설하는 데는 두 종교의 힘에 의존하는 바가 가장 클 것입니다. 각각 한쪽만이 할거(割據)한다거나, 다른 쪽을 배척한다거나, 경멸[輕侮]하는 것으로 되어서는 안 됩니다. 모두 관용의 정신을 가지고 서로 영해(領解)하려고 노력하지 않으면 안 됩니다. 기독교는 이원론적(二元論的) 입장에서 사사병존(事事並存)의 측면에서 활동하는 것이, 그 특장(特長)이라고 생각합니다. 또 그러한 측면으로 향하는 것을 좋아하는 사람들을 구원하면 좋을 것이라고 생각한다. 불교의 독자성은 즉비(卽非)의 논리로부터 화엄(華嚴)의 사사무애(事事無礙)로 나아가는 것에 있기 때문에, 이 측면으로 모이려고 하는 사람들도, 동서(東西)에 반드시 많을 것으로 믿는다. 집단 속으로 뛰어 들어가야만 하는 것은 말할 것도 없지만, 인간에게는 또한 각각의 업인(業因)도 있기 때문에, 누구든지 하나의 틀[型]에 끼워 맞추는 것은, 오히려 사사무애관(事事無礙觀)을 부수는 것으로도 될 것이다. 나한적(羅漢的)인 생활을 보내려고 하는 자가 있다면, 반드시 그를 '다(多)' 속으로 실어 놓는 것에도 미치지 않는다. 백운(白雲)으로 하여금 자유롭게 왕래(往來)하게 하라, 청산(靑山)은 원래 부동(不動)이니, 그것으로 좋지 않겠는가.

조주종심(趙州從諗)은 또한 당대(唐代)의 선자(禪者)인데, 그 사람에게 다음과 같은 문답이 있다. 최랑중(崔郎中)이라는 고관(高官)이 물었다.

'당신과 같은 대선지식(大善知識)에게 지옥에 떨어지는 것 같은 일이 있겠습니까.'

'있다, 나는 맨 먼저 들어간다'라고, 조주는 대답했다.

'어째서 그런 일이 있습니까.'

'내가 들어가지 않으면, 당신을 만나 뵐 수가 없기 때문이다.'

또한 어느 날 노파(老婆)가 물었습니다.

'여인은 다섯 가지 장애[五障]를 가진 몸이라고 말합니다만, 그것을 어떻게 벗어나겠습니까.'

'누구나 모두 다 극락에 가주세요, 나 혼자만은 언

제까지나 고해(苦海)에 있고 싶습니다.'

이것이 조주의 답이었습니다. 선자(禪者)의 대비심(大悲心)에는 또한 독특한 풍조(風調)가 있다고 해도 좋다고 생각합니다. 어쨌든 대비심이 적면(覿面, 目前)에서 인득(認得)되지 않는 한 법계(法界)의 풍광(風光)은 바랄 수 없습니다. '땅에는 평화, 하늘에는 영광'이라고 말합니다. 정토(淨土)의 장엄(莊嚴)과 마찬가지로 모두가 대비심(大悲心)의 발로(發露)에 지나지 않습니다. 금후(今後)의 세계를 구하는 것은, 이 대비심입니다. 그러므로 대비(大悲)는 또한 대지(大智)가 아니면 안 됩니다.

저자약력

스즈키 다이세츠 (鈴木大拙, 1870~1966)

1870년, 이시카와현[石川縣]에서 태어났다.

'다이세츠(大拙)'라고 불렸다. 오히려 이 이름으로 알려져 있다. 선승(禪僧) 샤쿠 쇼오엔[釋宗演, 1859~1919]에게 사사(師事)하여 그 훈도(薰陶)를 받았다.

1896년 경 미국, Chicago의 불교 신자(信者) Paul Carus에게 초청받아 쇼오엔이 도미(渡美)할 때, 수행(隨行).

쇼오엔이 San Francisco에서 제창(提唱)한 것을 영역(英譯)하여 『Sermons of a Buddhist Abbot』라고 제목을 붙여, Paul Carus의 Open Court Publishing Company에서 출판.

그 외, 1900년에는 대승불교 사상을 계통적으로 논술한 『Outlines of Mahayana Buddhism』(London, 1906~7)을 출판. 이 책은 한역 성전(聖典)에 의한 것이지만, 구미 불교계의 오류(誤謬)나 편견[僻見]을 시정하여, 연구의 침로(針路)를 제시한 것. 구미의 불교학자 사이에서 존중되었다.

1963년, Shocken Books로써 뉴욕에서 신판(新版)이 나와 있다.

1909년 4월 귀국. 학습원(學習院) 교수로서 교단에 서기도 했지만, 뒤에 그만두고 교토[京都]의 오타니대학[大谷大學]으로 옮겼다.

1927년에 『Essays in Zen Buddhism』을 런던에서, 제2권을 1933년 9월 동경에서 출판. 선(禪)의 공안(公案)과 염불(念佛)의 심리적인 관계에 주력을 쏟아 붓고 있다.

1928년 8월, 『친란전회(親鸞傳繪)』를 사사키 게쓰호[佐佐

木月樵, 1875~1926]와 공역(共譯). 대정(大正) 중기(中期) 이래, 영문불교잡지 Eastern Buddhist를 출판. Young East의 폐간 후에는 일본 유수의 영문불교 잡지. 그 외, 런던의 Pāli Text Society의 저널에 The Zen Sect of Buddhism(1906~7)을 발표. Eastern Buddhist에 『능가경(楞伽經)』 『사십화엄(四十華嚴)』 등의 영역(英譯)을 발표. 구미에 널리 그 이름이 알려지게 되었다.

아내 Beatrice(1939)도 또한 남편에 뒤지지 않는 열렬한 불교 연구자였다.

1949년, 가마쿠라[鎌倉]에서 松ガ丘문고(文庫)를 운영하고, 여기에 살며, R.H.Blyth와 공동으로 The Cultural East 지(誌)를 발행. 1949년, 학사원(學士院) 회원. 같은 해 7월, Honolulu의 제2회 동서철학자회의에 열석(列席). 그 후, 1959년 제3회, 1964년 제4회째 같은 회의에 열석.

1949년 11월, 문화훈장(文化勳章). 1950년 이후, Rockfeller Foundation의 위촉(委囑)으로 Yale, Harvard, Chicago, Columbia, Cornell, Princeton 등의 제(諸) 대학에서, '동양문화와 불교'를 강의하고 또한 미국인 카렌 홀나인의 기부금으로 松ガ丘문고에, 적취(積翠)문고의 장서(藏書)를 병합했다.

1953년 Columbia대학의 객원교수가 되어, 널리 미국 제 대학에서 선(禪)의 사상에 관해서 강의했다. 또한 Paris, London, Zürich, München, Rome, Brussels 등의 제 대학을 순강(巡講)·시찰(視察). Carl Jung, Martin Heideger, Karl Jaspers 등과 회담(會談).

1945년 Paris, London, Cologne, Marburg, Stuttgart,

München, Vienna, Rome, Assisi 등의 제 대학을 상동(上同). Arnold Toynbee, Gabriel Marcel, Arthur Waley, Friedrich Heiler 그 밖의 제가(諸家)와 회담. 1955년 1월, 아사히문화상[朝日文化賞]을 받았다. 또 Columbia 대학에서 선불교를 강의했다. 1956년에도 상동. 그 여름은 Mexico시의 college에서 강연.

1957년에는 Columbia대학의 임기를 마쳤다. 여름을 멕시코에서 선(禪)과 심리(心理)에 관해서. 9월에는 Paul Carus의 기념토론회에서, 그 후 7개월간은 히사마쓰 신이치[久松眞一]와 동반하여 Harvard, Wellesley, Brandeis, Radcliffe, Amherst 등에서 강연.

1960년, 인도를 유력(遊歷). Asiatic Society에서 The Rabindranath Tagore의 탄생 백주년 메달을 수령(受領).

1966년 7월 12일. 동경(東京)의 St. Luke's Hospital에서 타계.

『大拙徒然草』, 『인간은 어떻게 살아야 하는가』 및 『妙好人淺原才市集』 등은 유저(遺著). 저작물은 『鈴木大拙全集』으로서 출판되어 있다. 또한 영어로 쓰인 작품에 대한 일문 번역도 많다. 동서철학, 특히 대승불교 가운데 선을 한결같이 소개. 나아가서 친란(親鸞)의 깊은 곳까지도 언급하려고 했다. 그 아는 바를 영어로 구미의 사회에 전한 공적은 크다.

    * 鷹谷俊之 著, 「東西佛敎學者傳」, 華林文庫, 1970, pp.130~132.에서 전재(轉載)한 것임.

불교의 대의

2017년 9월 23일 초판 발행

원저: 스즈키 다이세츠(鈴木太郎)
번역: 김용환 · 김현희

펴낸이: 신지연
편　집: 이미지
펴낸 곳: 정우서적
신고 1992.5.16. 제300-1992-48호
서울 종로구 삼봉로 81, 두산위브파빌리온 1231호
전화 02)720-5538　팩스 730-5538

정가 10,000원

ISBN 978 89 8023 204 8　03220